초짜들의 **여유만만** 일본어

이홍렬 지음

월드컴

초짜들의 여유만만 일본어

🎵 저는 그저 여러분께 제가 서있는 곳까지만
　　　　　　　　안내해 드리고 싶습니다. 🎵

1991년 4월 5일 일본에 가서, 만 2년동안 가족들과 함께 일본 생활을 하다가
1993년 3월 10일에 돌아왔으니, 벌써 14년이 돼가네요.
간신히 "일본어 1급 자격증"을 자랑스럽게(?) 땄을 당시, 한국 공항에 도착하면
일본어 테스트 한번 해보자고들 덤벼들면 어떡하지?하는 말도 안되는 불안감에
맘 졸이던 생각도 납니다.

그만큼 자격증을 따기도 힘들었지만, 일본에 2년 있었다고 일본어가 다아 되는
것은 아니었다는 이야기이기도 하겠지요...
경험해 보니 일본어 공부를 하다보면 몇 가지 고비가 있는 듯 싶습니다.
　　첫번째 – 일본어 입문의 가장 기초가 되는 히라가나·가타가나 배울 때
　　둘째 – 음편형 배우기 시작할 때
　　세번째 – 책이 딱딱하고 재미없을 때...

저는 그저 여러분께 제가 서있는 곳까지만 안내해 드리고 싶습니다.
저 같은 경우에는 일본사람 만나면 조금 뻔뻔스럽게 먼저 이렇게 이야기합니다.
"모 니혼고 뱅교우 시다고도가 쥬넹마에 다까라 호보 와스레 쨌단 데스"
(일본어 공부한지가 10년전이라서 거의 잊어버렸습니다.)
그렇게 연막을 쳐놓고 대화를 해나가기 시작하면 상대가 알아서 쉬운 말로 해줍
니다...

그러다 혹시 또 잘 못알아 듣게 되면
"좃또 무즈까시이 데스요네. 나루베꾸 야사시이 고또바데 하나시떼 구다사이마셍
까?"(쫌 어렵네요. 될 수 있는데로 쉬운 말로 말해 주실래요?)
라고 하면 더 쉽고 아주 친절하게 이야기해 줍니다. 게다가 옆에서 일본어 잘 모
르는 한국사람이라도 있을라 치면 "와, 거 일본어 참 잘하네~"라고 연발하지
요... 사실은 제가 있는 자리가 아주 별거 아닌데 말이죠.

한일 문화교류가 본격적으로 이루어지고 있습니다. 저만 해도 일본어를 TV에서
전혀 사용할 기회가 없을 줄 알았는데, 근래에도 사용할 기회가 몇 번 있었습니
다. 저 어릴 적만 해도 상상할 수 없었던 일이지요... 앞으로는 지금 상상할 수
없는 일이 더 일어날 것입니다.
따라서 일본어를 알면 알수록 우리가 할 일은 많아지고, 저보다 몇 곱은 더 유용
하게 쓰일 거라고 확신합니다.

그러나, 어떻게 배울 것인가로 느을 고민을 많이 하게 됩니다.
자기가 사는 집을 찾아오라고 남에게 설명하기는 매우 쉽습니다.
자기가 살고 있는 곳이니깐요... 그러나 듣는 사람 입장에서는 처음 가는 곳이라
서 잘 찾아갈까? 무척 조바심납니다. 마찬가지로 처음 배우시는 분이 제가 있는
곳까지만 오시게 하기 위해서는 충분히 이해하시게 도와 드려야 한다고 생각합니
다. 언어에 관한 책을 마지막장까지 보시기는 너무 어렵습니다. 저의 목표는 이
책의 끝 장까지 보시게 하는 데 있습니다. 가격표가 있는 곳까지...
저는 이 책을 보시는 분들이 정말 초보자이시기를 바랍니다.

                                            이호영
                                            2005. 01

CONTENTS

차례

01 적어도 인사는 하고 살아야죠?

page 32

여러 가지 인사말
뭐시 뭐시 일본어 – 손 안대고 오줌누기

02 만났으면 자기 소개는 필수죠!

page 46

자기소개
뭐시 뭐시 일본어 – 스모 바람
꼭 집기 문법 – ~은/는 ~입니다
      ~라고 합니다
      숫자 익히기

03 이건 뭐예요?

page 60

이것은 무엇입니까?
뭐시 뭐시 일본어 – '에이' 형의 나라
꼭 집기 문법 – ~은/는 ~입니까?
      ~은 ~이/가 아닙니다
      지시대명사(こ・そ・あ・ど)

04 이 안에 뭐가 있어요?

page 74

존재 표현(긍정)
뭐시 뭐시 일본어 – '앗, 운전대가 없어졌다'
꼭 집기 문법 – ~에 ~가 있습니다
      위치명사

05 이것밖에 없어요.

page 88

존재 표현(부정)
뭐시 뭐시 일본어 – 재혁이의 문화극복
꼭 집기 문법 – ~밖에 없습니다
      전혀 없습니다

히라
가나

우와, 유치원 낱말 카드 같아서 유치해 보인다구요?
맞습니다. 제가 보기에도 그렇게 보이는군요. ㅋㅋ 그러나 이것을 모르고는 일본어를 제아무
리 쉽게 배운다고 해도 절대 해결이 안됩니다. 외우는 방법은? 쉽게 외울 수 있는 방법은? 정
답은 사람마다 틀립니다. 각자 알아서 외우면 됩니다. 전 이렇게 외웠습니다.
좌로부터 시작해서 아카사타 나하마야라, 그 다음은 밑으로 라리루레로 다음은 그 옆칸 와오응.

あ [아]	か [카]	さ [사]	た [타]	な [나]
あめ 비	かばん 가방	さいふ 지갑	たべる 먹다	なつ 여름
い [이]	き [키]	し [시]	ち [치]	に [니]
いしゃ 의사	きく 듣다	しんごう 신호등	ちず 지도	にわ 정원
う [우]	く [쿠]	す [스]	つ [츠]	ぬ [누]
うえ 위	くすり 약	すいえい 수영	つくえ 책상	ぬの 천
え [에]	け [케]	せ [세]	て [테]	ね [네]
えいご 영어	けいさつ 경찰	せんせい 선생님	て 손	ねつ 열
お [오]	こ [코]	そ [소]	と [토]	の [노]
おんがく 음악	こおり 얼음	そら 하늘	とけい 시계	のど 목구멍

は[하]	ま[마]	や[야]	ら[라]	わ[와]
はる 봄	まくら 베개	やさい 야채	らくだ 낙타	わに 악어
ひ[히]	み[미]	(い)	り[리]	(い)
ひこうき 비행기	みる 보다		りんご 사과	(う)
ふ[후]	む[무]	ゆ[유]	る[루]	(え)
ふゆ 겨울	むし 벌레	ゆき 눈	るす 부재중	
へ[헤]	め[메]	(え)	れ[레]	を[오]
へそ 배꼽	めがね 안경		れいぞうこ 냉장고	じをかく 글을 쓰다
ほ[호]	も[모]	よ[요]	ろ[로]	ん[응]
ほし 별	もも 복숭아	よむ 읽다	ろうそく 양초	みかん 귤

써 봅시다

あ 아	あ	あ	あ	あ	あ

あ 메
あめ 비

い 이	い	い	い	い	い

이 샤
いしゃ 의사

う 우	う	う	う	う	う

우 에
うえ 위

え 에	え	え	え	え	え

에 ー 고
えいご 영어

お 오	お	お	お	お	お

온 가꾸
おんがく 음악

(아) 아메 … 비. 일본에서 아메가 오던 날 우산 쓰고 자전거 타고가다 넘어진 적이 있습니다. 무진장 쪽팔렸지요. 그 때 제옆을 지나던 일본 아줌마가 가까이 오더니, 大丈夫?(다이죠우부? 괜찮아요?)라고 제게 말했던 기억이 납니다. 전 아직도 아메가 오는 날이면 그 아주머니가 생각납니다. 아멘이 아닌 아메는 비!!

(이) 이샤 … 의사. 거 비슷하네요. 예전에 '노브레인 서바이버'의 문천식 씨 발음이라면 기가 막히겠네요. 정답은 의사인데…
"이샤…" "네, 다시 한번요." "이샤…" "다시 한번 정확하게…" "이. 샤."
"아, 아니죠, 의사죠." "나 안해, 나 안해" 이샤는 의사!!

(우) 우에 … 위. 기가 막히게 너무 비슷하지 않습니까? 외울 필요도 없어요.
"너 아메가 어디서 내리는 줄 아니?
"우에.. 요"
"우산 어디다 놓았니?"
"(선반을 가리키며)우에..요" 우에는 위!

(에) 에-고 … 영어. 영어는 저도 1년 반 언어연수 갔다 온 일이 있어도 자신 없어요. 에이고, 머리가 나빠서… 문법이 우리완 너무 틀리니까 에이고… 에이고를 아직 히라가나로 쓸 줄 몰라도 돼요. 에이고가 영어인줄만 알고 '에'를 일어로 え(에)라고 쓸 줄 알면 당신은 천재!! 에이고는 영어!!

(오) 온가꾸 … 음악 싫어하는 사람 없겠지요? 일본어를 재미있게 배우는 방법 중에 하나는 일본 노래를 한 곡 완벽하게 배우는 방법도 있습니다. 일본 전통 온가꾸는 어렵지만 대중가요는 비슷하거든요. 이토시노 에리(いとしの えり)는 제 18번입니다. 기회있음 들어보세요. 제 생각 날 겁니다. 온가꾸는 음악!!

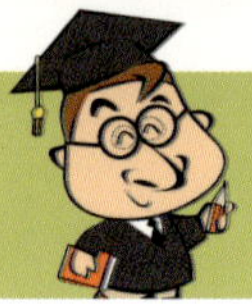

써 봅시다

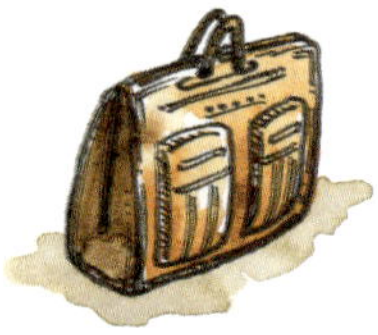

か 카	か か か か か

かばん 가방

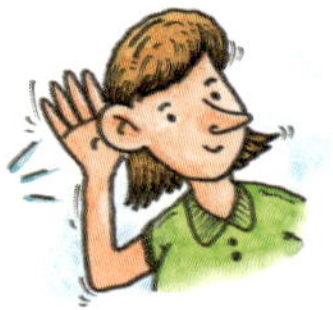

き 키	き き き き き

きく 듣다

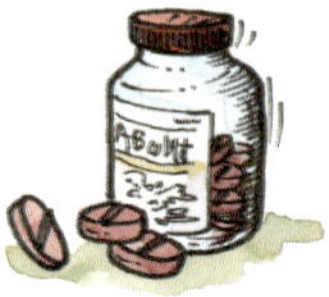

く 쿠	く く く く く

くすり 약

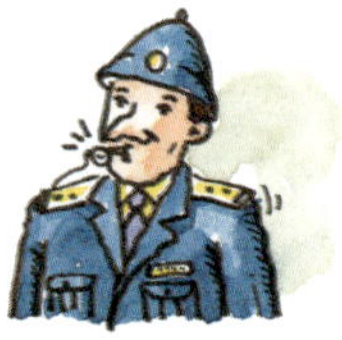

け 케	け け け け け

けいさつ 경찰

こ 코	こ こ こ こ こ

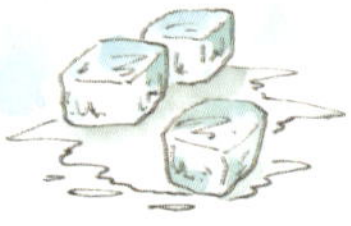

こおり 얼음

* 우리말로는 '카키쿠케코'로 표기했지만 'ㄲ'과 'ㅋ'의 중간 발음으로 단어의 가장 앞에 올 때에는 'ㅋ', 중간에 올 때에는 'ㄲ'에 가깝다는 것도 알아두세요. 굳이 우리말 표기가 거슬리시면 Tape의 원어민 발음을 잘 듣고 따라하시면 됩니다.

(카) 가방 … 가방. 일본어로도 가방. 이거 웬 떡입니까? 단어 하나를 거저 외우게 되지 않았습니까? 이런 것 많습니다. 집안의 가구는 가구. '너한테 무리야!' 할 때 무리는 무리. '온도가 얼마야'의 온도는 온도. 동물원의 기린은 기린!! 저는 거저 먹는 단어만 다 찾아본 적도 있습니다. 가방은 가방!!

(키) 기꾸 … 듣다. 기하고 귀하고 발음이 비슷하지요? 귀니까 기꾸인가? 사실은 외국어 공부에서는 기꾸가 제일 중요하지요. 아니, 듣지도 못하는데 어떻게 말을 하겠습니까? 기꾸 여간해서 잊어버릴 수 없는 것이 '카키쿠케코' 할 때 '키쿠'로 나가지 않습니까? 기꾸는 듣다!!

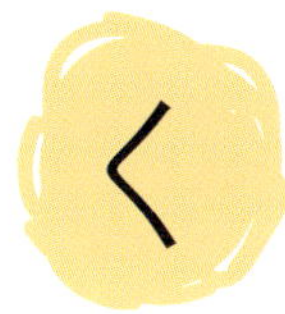

(쿠) 쿠스리 … 약. 일본은 확실히 습기가 많고 다다미 생활을 하는 문화이다보니까 바퀴벌레, 무좀, 피부병 등의 쿠스리가 잘 듣나봐요. 연막이 터지는 벌레잡는 쿠스리통이 있는데, 종종 외국 학생들이 주변에 신고 안하고 쿠스리를 치다가 소방차가 출동하는 해프닝도 일어나곤 했지요. 쿠스리는 약!!

(케) 케-사쯔 … 경찰. 한번은 일본 케이사쯔에게 검문당한 일도 있었지요. 제 자전거의 등록번호를 꼼꼼하게 살피는 케이사쯔가 얼마나 얄미웠던지 내가 자전거도둑처럼 보인다는 겁니까? 그러나 일본의 케이사쯔들은 비교적 친절합니다. 요즘처럼 한국이 인기있을 때는 더 친절할 걸요. 케이사쯔는 경찰!!

(코) 코-리 … 얼음. 예전에 제가 일본 식당에서 물에 코오리를 넣어달라고 했더니 일본 사람이 '코오리라는 단어도 아나?' 하는 듯이 놀란 표정을 짓던 일이 생각납니다. 아니, 이 사람들아, 놀라긴 뭘 그리 놀라나~ 코오리 달라는데. 대부분 일본 식당에서는 얼음물이 기본적으로 나옵니다. 코오리는 얼음!!

써 봅시다 :

さいふ 지갑

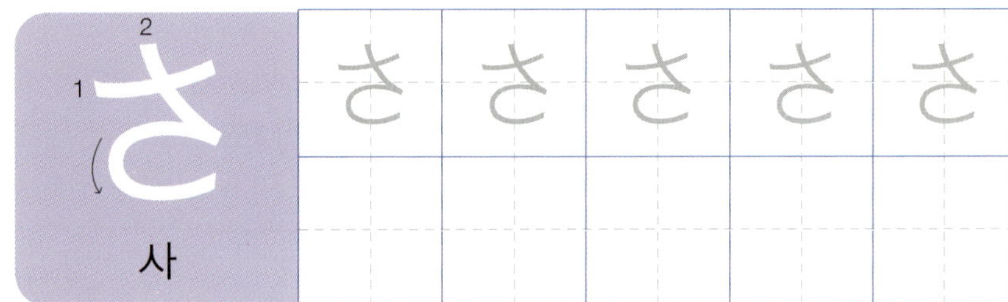

さ
사

さ さ さ さ さ

しんごう 신호등

し
시

し し し し し し

すいえい 수영

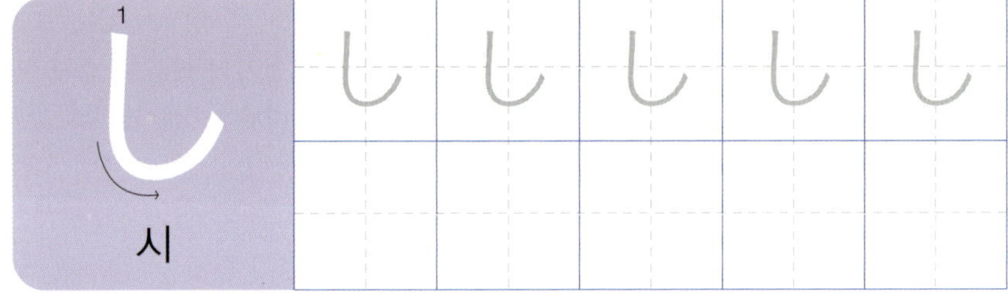

す
스

す す す す す

せんせい 선생님

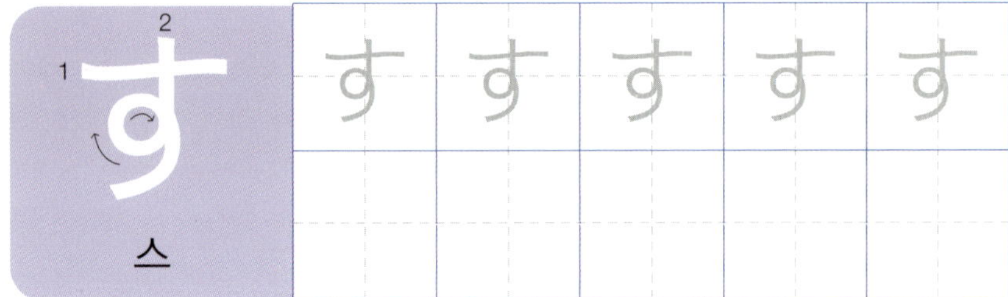

せ
세

せ せ せ せ せ

そら 하늘

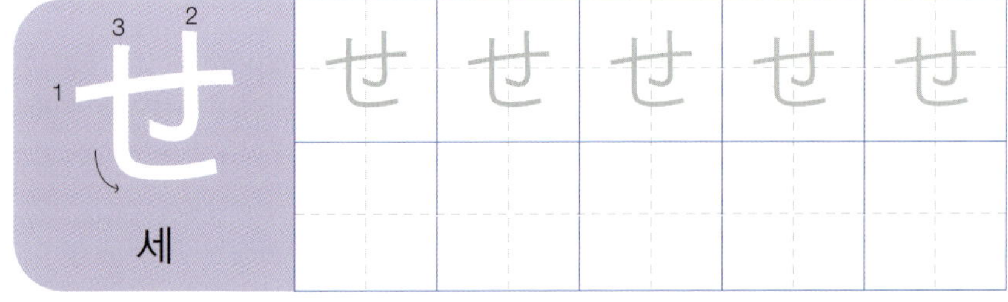

そ
소

そ そ そ そ そ

* 'す'는 우리말의 '수'와 달리 약간 숨을 들이마시면서 발음하기 때문에 '스'에 가깝습니다.

(사) 사이후 … 지갑. 지갑 사이에 후~하고 불어보니 돈이 없네? 그렇게 외우니 금방 외워지던 단어가 사이후였습니다. 사이후는 대부분의 일본어 책들 초반에 거의 나오는 기본적인 단어입니다. 그래서 사(さ)가 나오면 저도 모르게 자연스럽게 써지는 단어가 사이후였지요. 사이후는 지갑!!

(시) 신고- … 신호. 정말 일본에서 차를 몰아보면 얄미울 정도로 신호를 잘들 지키지요. 정지선은 두말할 필요도 없고, 앞차가 파란 신호에 빨리 출발하지 않으면 무슨 사정이 있을 거라고 인정해 줍니다. 일본에서 무조건 자존심버리고 받아들여야 할 것이 신호를 잘 지키는 교통문화입니다. 신고우는 신호!!

(스) 스이에- … 수영. 그러고보니 일본에 2년 동안 살면서 풀장은 갔어도 바닷가에 가서 스이에이 한 번 못해 봤네요. 워낙 일본이 스이에이 보다는 온센(온천)이 일상이라. 바닷가에서조차 스이에이보다는 온센!! 나이든 사람이나 젊은 사람이나 너 나 할 것 없이 즐기는 것이 스이에이보다는 온센. 스이에이는 수영!!

(세) 센세- … 선생. '어? 느닷없이 ん도 배우지 않았는데 ん을 붙여놓고 센으로 읽다니...' 하시면서 열받는 분들 미안합니다. ん은 그냥 받침이라고 생각하세요. ㅇ이나 ㅁ으로 갖다붙는다고 생각해 주세요. 센세이는 선생인데 님자를 붙이지 않습니다. 선생님을 센세이라고 부르니 좀 미안했지요. 센세이는 선생!!

(소) 소라 … 하늘. 비교적 쉽게 외웠던 단어였습니다. 하늘을 바라보면서 소라~. 자기 애인 이름이 소라인 분들은 더 좋겠지요? 하늘을 바라보면서 '오, 소라야! 보고 싶다' 가수 이소라와 DJ DOC의 이하늘이 한무대에 같이 서 있다면 바로 해석이 나오겠지요. 하늘아, 널 해석하면 소라가 돼! 소라는 하늘!!

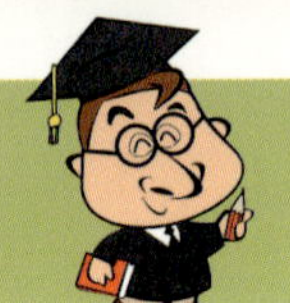

써 봅시다

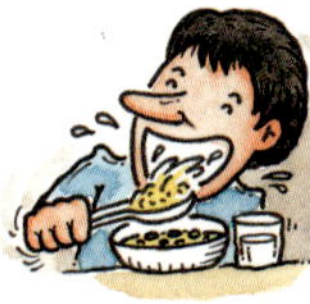

타 베 루
たべる 먹다

た
타

た た た た た

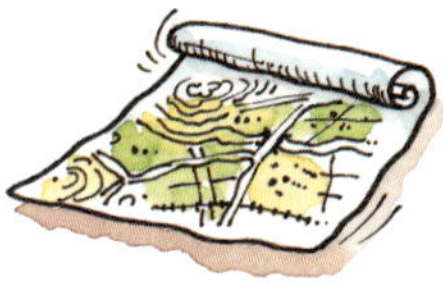

치 즈
ちず 지도

ち
치

ち ち ち ち ち

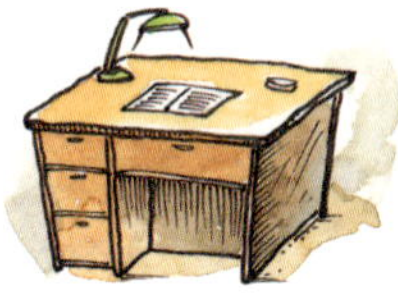

츠 꾸 에
つくえ 책상

つ
츠

つ つ つ つ つ

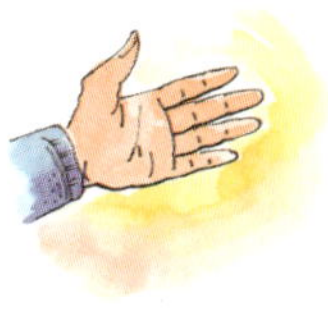

테
て 손

て
테

て て て て て

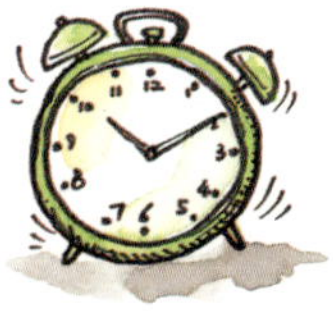

토 께 -
とけい 시계

と
토

と と と と と

* 'ㄷ'과 'ㅌ'의 중간음으로 우리말로는 '타치츠테토'로 표기했지만 'ち'는 '찌'에 가깝게 발음하기도 합니다. 그리고 'つ'는 '쯔'로 발음하기 쉬운데 약간 틀립니다. '쯔'라고 하면서 이 사이에 혀를 대고 약간 떨림이 있게 발음해 보세요.

(타) 타베루 … 먹다. 하여간 무지하게 많이 써먹게 됩니다. 하루에 기본적으로 3번 이상 쓰이는 거 아닙니까? '타베루'를 빨리 외울수록 맛있는 거 많이 얻어먹을 수 있습니다. 아침 타베루? 점심 타베루? 저녁 타베루? '타베따이'하면 '먹고 싶다'가 됩니다. 아, 외우지 마세요. 나중에는 외우기 싫어도 외워집니다. 타베루는 먹다!!

(치) 치즈 … 지도. 지도 옆에 맛있는 치즈 한 조각이 놓여 있다고 생각했습니다. 그래서 전 '지도는 치즈다. 치즈는 지도다'가 아직도 머릿 속에 남아 있습니다만, 꼭 그렇게 해야 하는 것은 아니니까 편한데로 각자 외우셔도 됩니다. 허지만 그래도 지도 위에 치즈는 있었어요. 치즈는 지도!!

(츠) 츠꾸에 … 책상. 전, 정말 뒤늦게 츠꾸에를 오래 마주했지요. 늦게 배운다는 것은 창피하지 않을 뿐이지. 자랑할 것이 못된다는 이야기를 많이 해 드리고 싶네요. 사실 공부하는 츠꾸에가 뭐가 즐겁습니까? 연애편지 쓰는 츠꾸에가 더 즐겁죠. 안 그렇습니까? 츠꾸에는 책상!!

(테) 테 … 손. 정말 쉽게 배웠습니다. 뜨거운 거 집을 때 손을 데지 않도록 조심해야지요? 발(아시)은 외우기가 좀 그렇다해도('아씨, 발이 이쁘십니다'라는 식으로 외워도 되지만…) 테는 쉽게 머리에 들어오더라구요. 뜨거운 거 손대지 마!! 손 떼! 어쨌거나 이 '테'도 엄청나게 많이 쓰이니까 걱정마세요. 아시는 발, 테는 손!!

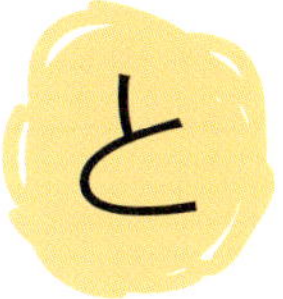

(토) 토께– … 시계. 영어나 일어로 '토께이' 보면서 시간을 이야기하는 것은 그리 쉬운 일은 아니죠. 그러나 익숙해진다면 도깨비 같은 '토께이' 보는 법도 그리 어려운 것은 아닐 것입니다. 그러나 몇 시 몇 분 연습하는 것. 어휴, 제일 짜증나지요. 토낄 수도 없고 킥킥… 토께이는 시계!!

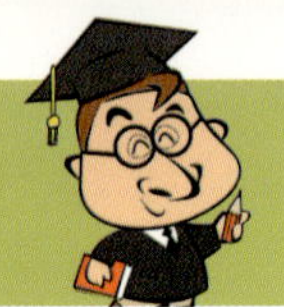

써 봅시다

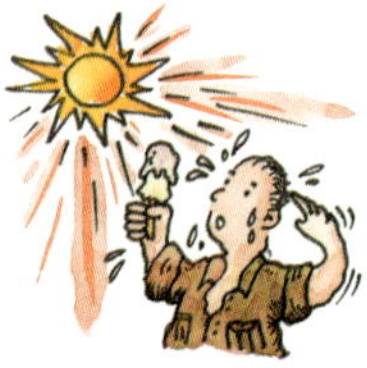

나 쯔
なつ 여름

な 나

なななwhile

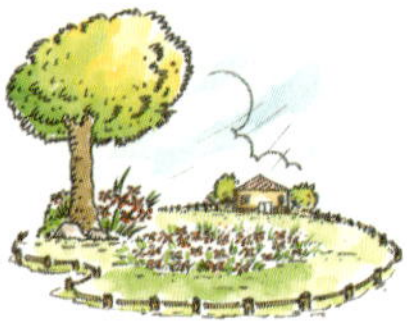

니 와
にわ 정원

に 니

ににににに

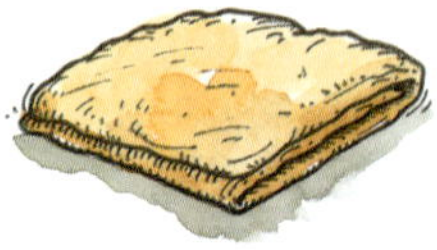

누 노
ぬの 천

ぬ 누

ぬぬぬぬぬ

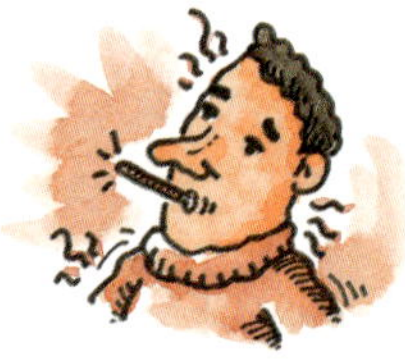

네 쯔
ねつ 열

ね 네

ねねねねね

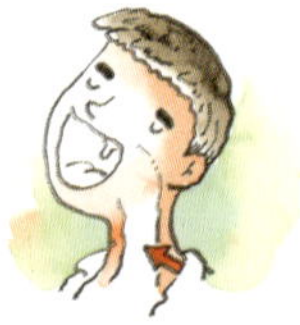

노 도
のど 목구멍

の 노

ののののの

(나) 나쯔 ⋯ 여름. 일본의 나쯔도 덥죠. 장마도 길구 말이에요. 일본은 나쯔가 되면 더우니까 여기저기 곳곳에서 전국적으로 불꽃놀이로 국민들에게 서비스를 합니다. 볼만하지요. 언젠가는 하루(봄), 나쯔(여름), 아끼(가을), 후유(겨울)가 막 나올 겁니다. 그러나 지금 이순간에는 나쯔만 생각하세요. 나쯔는 여름!!

(니) 니와 ⋯ 정원. 정원에 서있는 사람을 보고 '니 와 여기 서 있노?' 라는 식으로 니와를 정원이라고 외우시라고 권하면 또 억지인가? 근데 전 그렇게 외우고 나니깐 안 잊어버리게 되더라구요. 이보다 좋은 방법 있으시면 찾아서 쉽게 외워 보시구요. 니와는 정원!!

(누) 누노 ⋯ 천. 누(ぬ)로 시작하는 단어가 그리 많지 않았던 것 같네요. 저야 누노하고 인연은 많죠. 옛날 어머니들이 거의 누노를 끊어다가 옷들을 지으셨죠? 특히 저의 어머니는 재봉틀을 떠나지 않으셨으니까 누노하고 인연이 깊죠. 누노는 천!!

(네) 네쯔 ⋯ 열. 객지에서 아프면 자기만 손해입니다. 네쯔가 나고 아프면 병원에 가서도 어떻게 아픈지 표현을 잘 해야 됩니다. 이런 표현 일어로 잘 될까요? "선생님 저어, 네쯔도 좀 있구요. 속이 더부룩하고 미식미식하면서 좀 껄쩍지근하거든요?" 네쯔는 열!!

(노) 노도 ⋯ 목구멍. 저는 피곤하면 몸에 나타나는 증상이 노도가 붓는 것입니다. 공부하느라고 피곤해서 노도가 부었으면 좀 낫겠지요? 그러나 술먹은 다음 날 노도가 더 많이 부어서 그게 문제지요. 노도는 목구멍!!

하 루
はる 봄

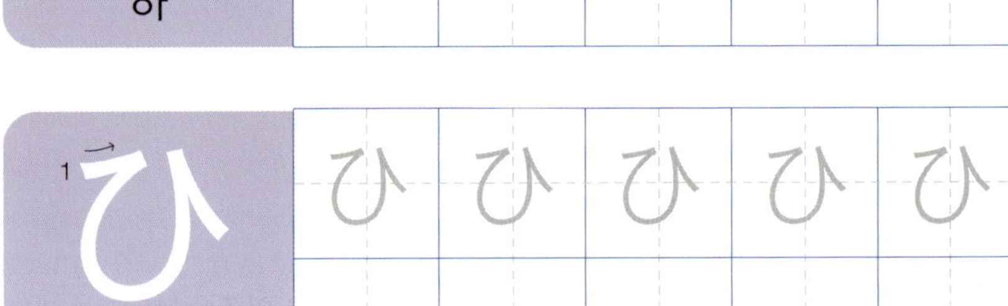

は　하

히 꼬 ― 끼
ひこうき 비행기

ひ　히

후 유
ふゆ 겨울

후

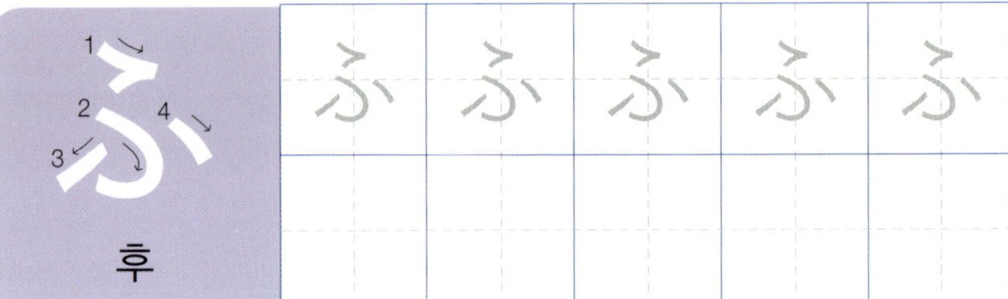

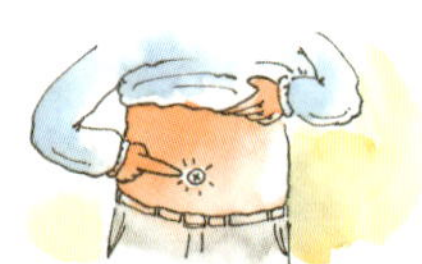

헤 소
へそ 배꼽

へ　헤

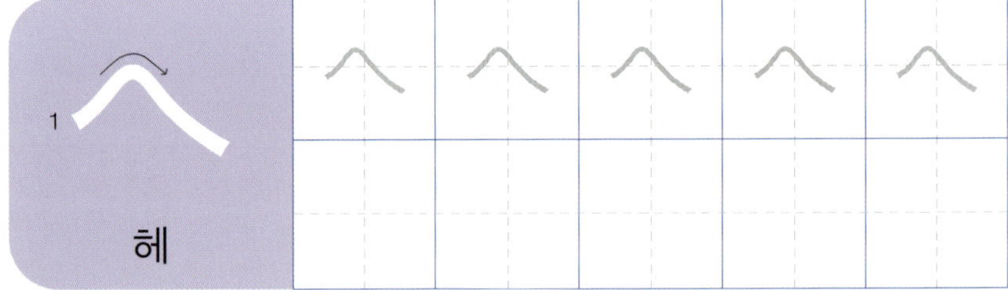

호 시
ほし 별

ほ　호

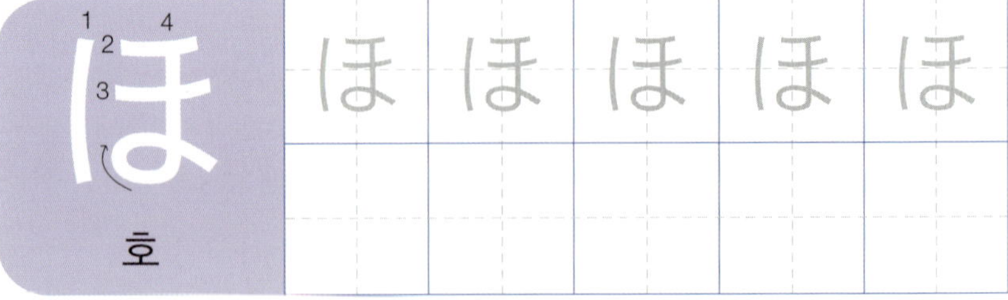

(하) 하루 … 봄. 나쯔 배운지가 불과 앞 페이지인데 바로 봄을 배우게 되네요. 에이, 이렇게 된 김에 봄여름가을겨울 셋트로 배워 버리지요, 뭐. 하루(봄) 나쯔(여름) 아끼(가을) 후유(겨울)... 봄여름가을겨울... 하루나쯔아끼후유... 후유, 다 외우게 되나요? 정 힘들면 일단은 하루만 외우세요. 하루종일의 하루는 봄!!

(히) 히꼬-끼 … 비행기. 일본생활하면서 일본내에서 히꼬오끼를 타본 적은 거의 없네요. 그만큼 전철이나 기차가 잘 되어 있기도 하지만, 유학생활하는 학생들은 사실 여기저기 멀리 갈만한 여유가 없죠. 항상 빠듯한 생활을 하고 있는 유학생들의 고충을 전 누구보다도 잘 알고 있죠. 히꼬-끼는 비행기!!

(후) 후유 … 겨울. 드디어 사시사철이 다 나오게 됩니다. 후유~ 정말 글자도 누군가가 바람을 불고 있는 듯한 느낌 아닙니까? 저는 글자 자체에서 뭔가 불고 있는 듯한 느낌을 강렬하게 받았습니다. 입김으로 후유~ 저도 이 글자 처음 쓸 때는 아예 그랬습니다요, 그랬어요. 후유는 겨울!!

(헤) 헤소 … 배꼽. 나만 그런가요? 후라는 글자는 왠지 누군가 불고 있는 듯한 느낌이 들구요. 이 헤(ヘ)라는 글자는 헤헤(^ ^) 하고 웃는 듯한 글자로 보여서 재밌게 배웠던 기억이 납니다. 헤소가 톡 튀어나온 것도 같지요? 참외 헤소 들어 보셨나요? 헤소는 배꼽!!

(호) 호시 … 별. 토(별성)자를 쓰고 호시라고 읽지요. 사실 한문을 같이 쓰면서 읽어 버릇하면 덕보는 경우가 많습니다. 한문을 많이 알면 중국에 가서도 기본적인 것은 어느 정도 감을 잡고 헤쳐나갈 수 있으니까 말이죠. 중국하늘이나 일본하늘이나 한국하늘이나 떠있는 호시는 똑같겠지요. 호시는 별.

まくら 베개

みる 보다

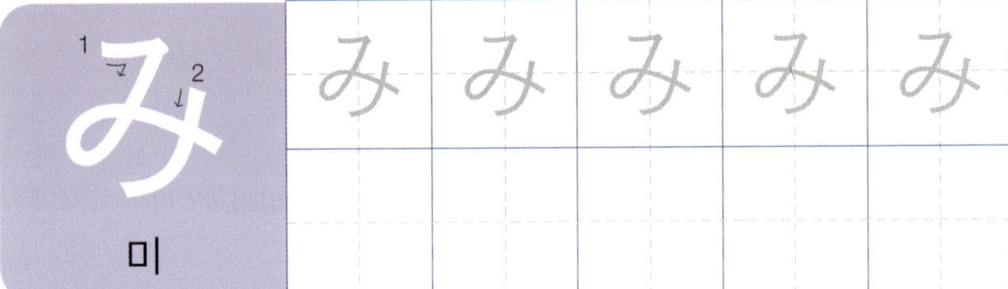

むし 벌레

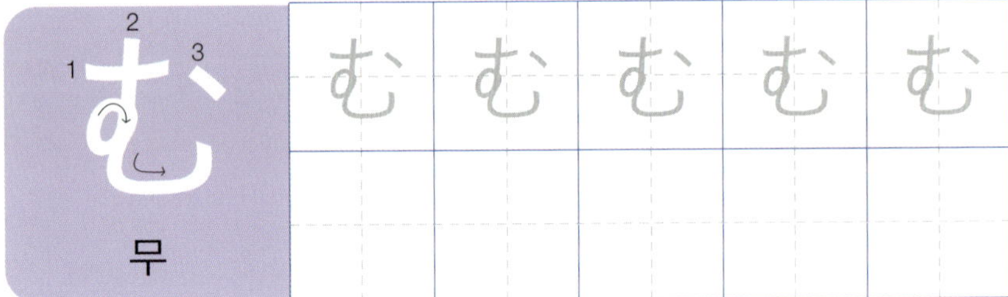

めがね 안경

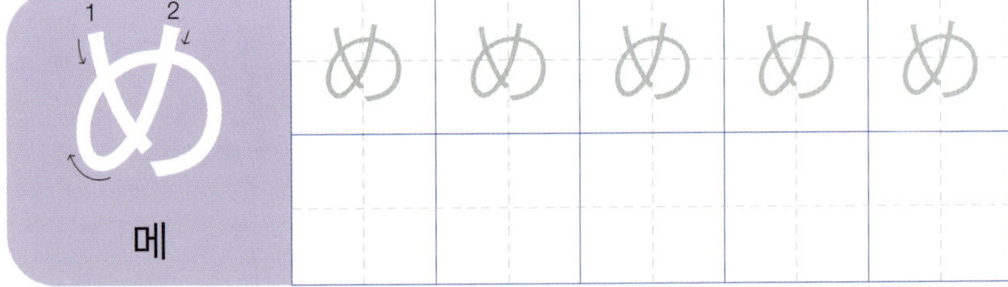

もも 복숭아

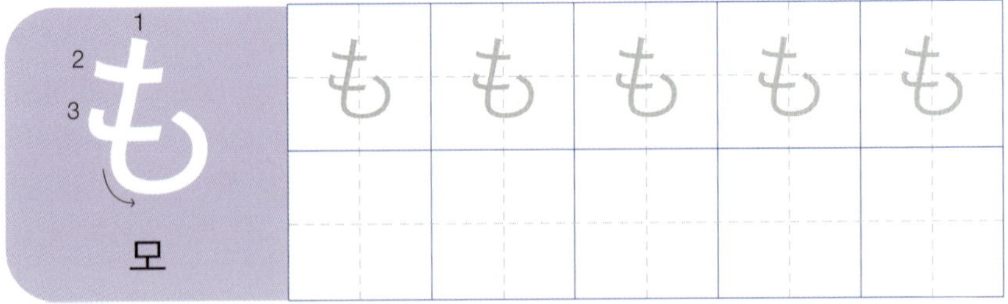

(마) 마꾸라 … 베개. ♫ 마꾸라 누라시떼 가죠에우다~~♫ 저같은 경우에는 노래 부르다가 얻어 걸린 단어지요. 신혼때야 마꾸라 하나로도 충분하지만… 그래도 가끔은 마꾸라 두 개가 필요한 경우가 간혹 있습다. 뭔소리 하는 거야? 어쨌거나 마꾸라는 베개!!

(미) 미루 … 보다. 보다라는 뜻인데 정말이지 무진장 많이 쓰이고 있습니다. 당연하지 않겠습니까? 보다, 먹다, 듣다, 말하다… 기본이죠, 뭐. 아마 나중에는 見(볼견)자만 보아도 바로 미루 라는 소리가 절로 나오게 될 겁니다. 봐둘 건 다 아 미루지 말고 다 봐두어야 하는 것 아닙니까? 미루… 보다!!

(무) 무시 … 벌레. 재미있는 글자죠? 벌레를 무시무시하게 생각하는 사람들도 있더라구요. 저도 좋아하지 않습니다. 아주 무시무시합니다.
가끔 이 글자를 쓰면서 무라는 이름을 가진 코미디언 한무씨가 떠오르더군요. 일본 사람들한테 소개하기 쉬운 이름 아니겠어요? '아, 전 무라고 하는데요.이렇게 쓰지요.' 어쨌든 무시는 벌레!!

(메) 메가네 … 안경. 전 이 메(め)라는 글자가 누(ぬ)라는 글자하고 엄청 헷갈렸습니다. 오죽하면 지금까지도 한번은 생각하고 쓸 정도니까 말이죠. 제가 연예계 데뷔했을 당시는 메가네를 안 썼습니다. 근데 어느날 난시로 인해 메가네를 썼더니 다들 저보고 인상이 부드러워졌다고 하더라구요. 메가네는 안경!!

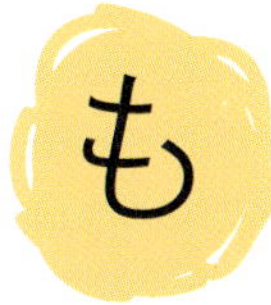

(모) 모모 … 복숭아. ♫ 모모는 철부지. 모모는 복숭아 ♫ 이런 노래 아실랑가 몰라~~ 과일 이름이 전부 이런 식이라면 외우기 쉬울텐데 말이죠. 링고(사과), 부도우(포도), 나시(배)… 어휴, 골치 아퍼요. 지금은 모모만 알도록 하지요. 모모는 복숭아… 모!모!모! 대드는 글자, 대드는 과일, 복숭아… 모모는 복숭아!!

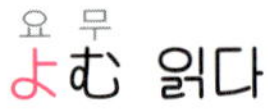
야 사 이
やさい 야채

ゆ き
ゆき 눈

요 무
よむ 읽다

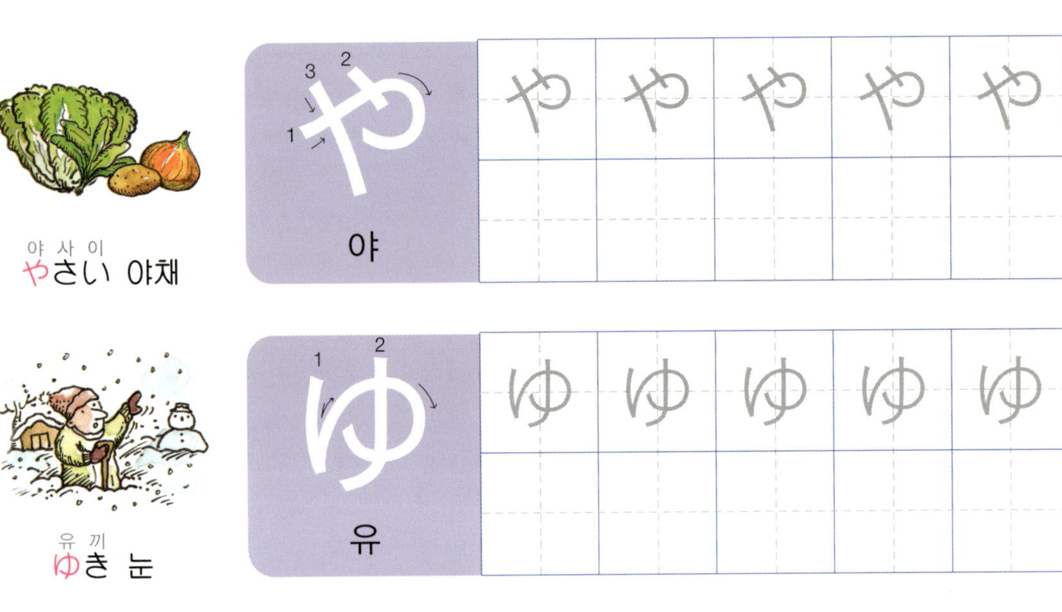

や
야

ゆ
유

よ
요

(야) 야사이 … 야채. 이 글자도 쓰기는 요상하지만 세련되게 쓰기만 하면 정말 멋진 글자지요. 어린이가 야사이를 싫어하는 것은 일본이나 우리나라나 마찬가진가봐요. 우리애들은 아직까지 싫어하니까 말이죠. 야사이를 정말 많이 먹어야 하는데… 야사이는… 야채!!

(유) 유끼 … 눈. 이쁜 단어죠. 시(詩) 구절에 엄청 등장하는 단어가 유끼지요. 특히 일본에는 저어기 위쪽에 있는 홋까이도 유끼축제는 대단하지 않습니까? 보는 눈은 매(目), 내리는 눈은 유끼(雪). 일본내에서도 홋까이도 한번 가기란 정말 어렵습니다. 돈이 많이 들거든요. 유끼는 눈!!

(요) 요무 … 읽다. 어느 정도 일어실력이 늘어나서 말은 못하더라도 듣기는 힘들더라도 요무 실력이 붙게 되면 신나게 되지요. 큰소리로 자꾸 일어를 읽어봐야 한다고 합니다만, 사실 요게 그렇게 실천이 잘되진 않습니다. 요무는 읽다!!

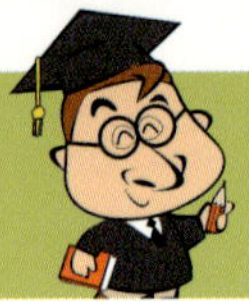

らくだ 낙타

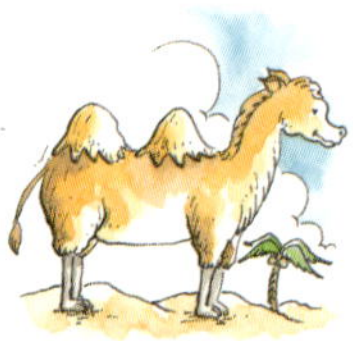

ら
라

りんご 사과

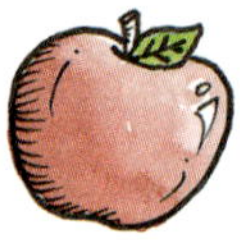

り
리

るす 부재중

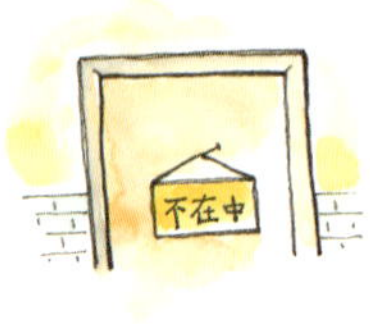

る
루

れいぞうこ 냉장고

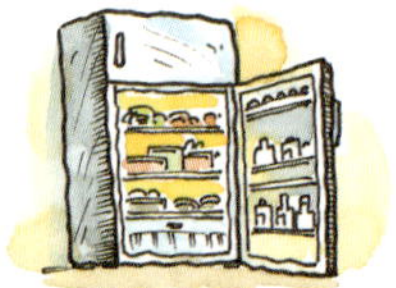

れ
레

ろうそく 양초

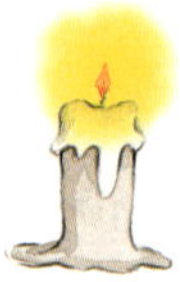

ろ
로

(라) 라꾸다 … 낙타. 개인적으로는 라리루레로가 가장 이쁘게 생긴 글자같아요. 이 글자를 연습할 때는 콧소리를 내가면서 노래를 부르듯이 글자를 쓰는 연습을 하면 더 좋을 듯 싶네요. 라꾸다도 우리말과 비슷하기도 해요. 더 기가 막힌 것은 앞서 소개해 드렸지요? 기린은 일본어도 우리말도 똑같이 기린. 라꾸다는 낙타!!

(리) 링고 … 사과. 링고스타는 비틀즈의 한 멤버이지요. 때문에 링고가 사과라는 것이 어쩌면 일본어스럽지가 않다는 생각이 들기도 해요. 링고! 이찌고(딸기), 부도우(포도) 등에 비하면 링고는 왠지 멋있잖아요? 일본어 중 제일 멋있는 과일 이름은 링고. 링고는 사과!!

(루) 루스 … 부재중. 남의 집에 전화를 걸었을 때 아무도 없으니 녹음하라는 멘트가 흘러나올 때 이 루스라는 단어가 많이 나옵니다. 루(る)와 로(ろ) 정말 짜증나게 헷갈렸습니다. 혀가 말려있는 글자가 루. 로는 짧게 끝나니 혀가 없죠? 혀있는 글자 루를 써서 루스는 부재중!!

(레) 레-조-꼬 … 냉장고. 누구나 일어를 처음 배우기 시작하면 열의를 갖고 곳곳에 일본어로 보이는 물건마다 써붙이게 됩니다. 그때 제일 먼저 눈에 띄는 것이 냉장고. 그래서 레이조우꼬를 쉽게 외우게 되곤 합니다. 사실 이 단어도 어떻게 보면 링고처럼 영어로 들리게도 돼요. 굴리면서 발음합시다, 오~예. 레이조우꼬는 냉장고!!

(로) 로-소꾸 … 양초. 루(る)하고 헷갈린다고 했었지요. 요즘 로우소꾸는 이쁜 것들이 정말 많지요. 옛날에 제사 지낼 때, 밤중에 멀리 있는 화장실을 가면서 이 로우소꾸를 들고 가던 생각이 나네요. 뒤에 힘주면서 로우소꾸 갖고 장난도 치고… 로우소꾸는 양초!!

와 니
わに 악어

지 오 가 꾸
じ**を**かく 글을 쓰다

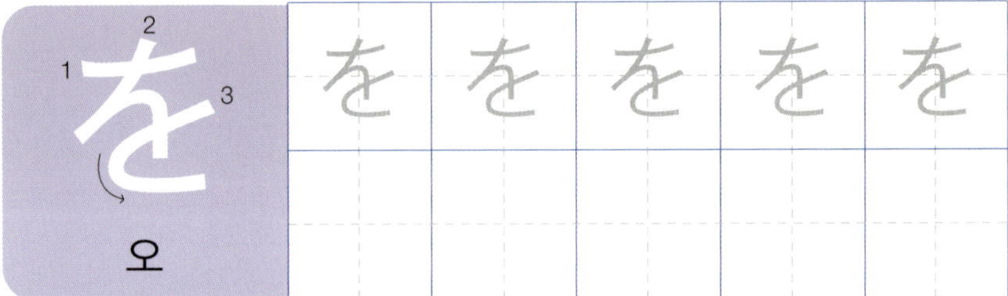

미 깡
みか**ん** 귤

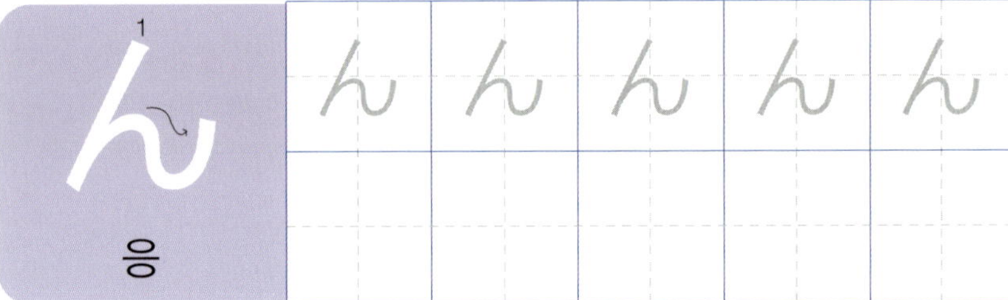

(와) 와니 … 악어. 와니라는 어감은 왠지 악어와는 좀 안 어울리는 여자이름 같기도 하지요? 악어가 '제 이름은 악어입니다' 하고 얘기하는 것하고 '제 이름은 와니입니다' 라고 소개한다고 생각해 보십시오. 좀 웃기겠죠? 어쨌거나 와니는 악어!!

(오) 오 … ~을(를)[조사]. 이런 때 왕초보는 정말 짜증납니다. '아니, 좀전에 오를 お라고 쓴다고 하면서 온가꾸는 음악이라고 하지 않았느냐?' 하면서 따집니다. 그런 분들에게 해주고 싶은 말... 따지냐? 그냥 우리말의 '을(를)' 로 사용한다고만 생각하시길 바래요. 오는 을, 를!!

(응) 미깡 … 귤. 유일하게 하나 있는 받침이라고 생각하시면 됩니다. 미깡!! 우리말과 달라서 받침하나 있는 응은 대접을 많이 받는 것 같아요. 여기 저기 언어 소통하는데 부족할 때마다 껴넣어야 하니까... 외국어를 배워봐야 우리말이 훌륭하다는 것도 저절로 느껴진다니깐요. 응은 응!? 응은 받침 ㄴ, ㅇ, ㅁ!!

:: 그림을 보면서 따라 읽어 보세요.

さいふ

はる

とけい

ゆき

へそ

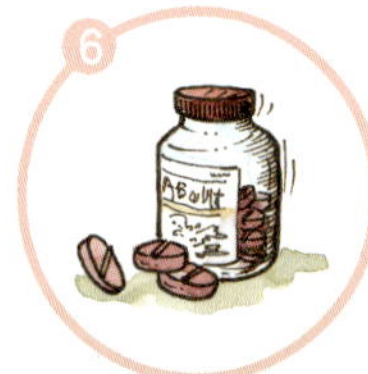
くすり

つくえ

よむ

:: 혼동하기 쉬운 글자를 구별하면서 읽어 보세요.

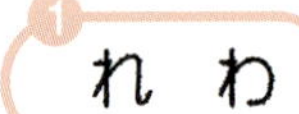
れ　わ

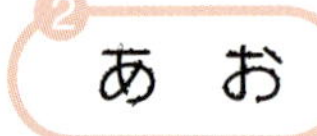
あ　お

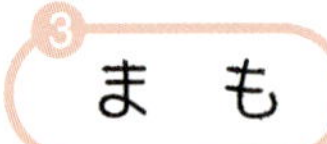
ま　も

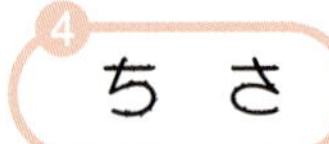
ち　さ

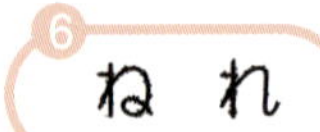
る　ろ

ね　れ

ぬ　め

は　ほ

연습을 많이 하면 할수록 느는게 실력이라고 했습니다.
아자, 아자, 아자!

:: 히라가나를 들으면서 순서대로 써 보세요.

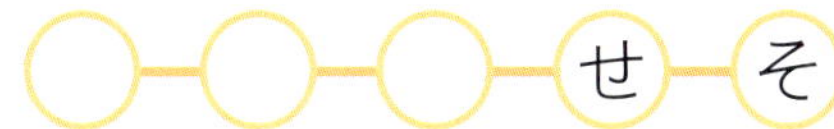

가타 카나

이거 짜증나는 겁니다. 히라가나 외울만 하니까 이게 또 뭡니까? 정말 집어치울까? 그래 집어
치우자... 하는 생각도 잠시 아주 잠시 들 겁니다. 여기서 포기하는 경우도 간혹 있거든요.
그러나 잠깐... 외래어 표기는 일본에서 그들 나름대로의 법칙에 따라 거의 가타카나로 쓰기
때문에 모르면 안되긴 하지만 정 짜증나시면 그냥 넘어가도 돼요. 당장 급한 것은 아니니까
히라가나하고 비슷한 놈만 골라서 외우고 넘어가면 거의 다 외운 것이나 다름없습니다.

ハ [하]

ハイキング 등산

マ [마]

マナ- 매너

ヤ [야]

ヤング 젊은이

ラ [라]

ラ-メン 라면

ワ [와]

ワ-プロ 워드프로세서

ヒ [히]

ヒ-ル 힐

ミ [미]

ミルク 우유

（イ）

リ [리]

リモコン 리모콘

（イ）

（ウ）

フ [후]

ファックス 팩스

ム [무]

ム-ド 무드

ユ [유]

ユ-モア 유머

ル [루]

ル-ム 룸

（エ）

ヘ [헤]

ヘア 머리카락

メ [메]

メロン 메론

（エ）

レ [레]

レモン 레몬

ヲ [오]

거의 쓰이지 않음

ホ [호]

ホテル 호텔

モ [모]

モデル 모델

ヨ [요]

ヨ-グルト 요구르트

ロ [로]

ロシア 러시아

ン [응]

アンテナ 안테나

01

＊적어도 **인사**는
하고 살아야죠.

일상생활에서 자주 쓰는 인사말입니다. 테이프를 들으면서 연습해 보세요.

_{오 하 요 - 고 자 이 마 스}　　　　_{오 하 요 -}
おはようございます。 / おはよう。

안녕하세요? / 안녕?

●●● 아침인사. 일본어는 영어처럼 때에 따라 인사말
이 다르죠. 친구나 손아랫사람에게는 「おはよ
う。」라고 합니다.

_{곤　니 찌 와}
こんにちは。

안녕하세요?

●●● 낮인사. 경어표현이 따로 없으므로 누구에게나
쓸 수 있죠. 여기서 「は」는 「하」이지만 「와」로 발
음합니다.

_{곤　　방　와}
こんばんは。

안녕하세요?

●●● 저녁인사. '오늘 저녁 컨디션 어때요?' 라는 뜻
이 내포되어 있습니다. 이 표현 역시 「は」는
「와」로 발음합니다.

어느 나라나 여행하다 보면 제일 먼저 배우는 것이 그 나라 인사가 아닌가 싶습니다. 미국은 굿모오오오닝~ 귀가 따갑게 들었구요. 중국 니이하오마~, 태국은 싸우디캅! 그리고 일본은 오하요- 고자이마스, 곤니찌와, 곤방와 등으로 많이 들으셨겠지요?

다만, 일어도 영어와 마찬가지로 아침, 점심, 저녁 인사가 다르다는 것이죠... '안녕하세요' 로 다 통할 수 있는 우리로서는 아주 기분나쁜 일이죠. 한 술 더 떠서 그 세 가지 인사가 다 일상생활에서 무지 많이 쓰이기 때문에 무조건 숙지해야 한다는 겁니다. 정 외우기 싫으시면 곤니찌와(こんにちわ) 만 외우셔서 무조건 낮이라고 우기시던가......

あいさつ

인사

01

우리 연예계에서도 가장 기본으로 치는 것이 인사입니다. 무대 옆 대기실에서, 선후배가 같이 사용할 경우에는 언제나 인사를 잘하는 후배가 사랑받습니다.

요즘 가수들 경우에는 안무하는 분들도 같이 사용하는 경우가 많아서 조금 복잡하긴 하지만, 가수들 인사교육에 대해 예민하게 교육시키는 좋은 선배들이 있어서 후배들이 긴장할 때도 있지요. 그중에 대표적인 인물들이 여자가수 방실이 씨, 남자가수는 태진아 씨 등이 있죠. 개그맨들은 집단적으로 움직임이 크기 때문에 인사교육을 따로 시키지 않더라도 위계질서가 강해서, 선배가 나타나면 달려와서 인사하는 후배들이 비교적 많지요. 저는 이제 인사를 많이 받는 위치가 됐지만, 지금도 구봉서 선생님, 배삼룡 선생님, 남철 선생님, 남성남 선배님들을 뵈면 100m달리기로 뛰어가 품에 안깁니다. 그리고 전 이 나이에도 달려 가서 한 번 안아달라고 조릅니다. 아부 아니냐구요? 아부라도 좋습니다. 전 진심으로 좋으니까...

01

적어도 인사는 하고 살아야죠.

일상생활에서 자주 쓰는 인사말입니다. 테이프를 들으면서 연습해 보세요.

오 야 스 미 나 사 이　　오 야 스 미
おやすみなさい。 / おやすみ。

안녕히 주무세요. / 잘 자.

●●● 잠자리에 들기 전에 하는 인사. 만남이 늦어졌을 때 헤어지면서 쓰기도 합니다.

오 겡 끼 데 스 까
おげんきですか。 건강하세요?(안녕하셨어요?)

하 이　　오 까 게 사 마 데
はい, おかげさまで。 네, 덕분에요.

●●● 「おげんきですか。」는 '그동안 안녕하셨어요?' 라고 안부를 묻는 표현입니다. 「はい, おかげさまで。」 뒤에 「げんきです(건강해요/잘 지내요)」 를 덧붙이기도 하죠.

오 히 사 시 부 리 데 스
おひさしぶりです。

오래간만입니다.

●●● 오랜만에 만났을 때의 인사말. 만나서 반갑다는 의미가 내포되어 있어 친한 사이인 경우에 자주 쓰입니다. 친구나 손 아랫사람에게는 「ひさしぶり。」라고 하죠.

あいさつ

인사

01

" **오야스미나사이** 문화의 차이겠죠? 다다미 생활을 하면서 따뜻한 온돌이 많이 그리웠습니다. 일본 생활할 때, 집사람과 밤에 서로 오야스미~하고 종종 인사를 나누곤 했죠. 친구나 부부가 인사할 때가 젤 부담이 없어요. 오야스미~ 밤새 지진나도 서로 깨는 일 없기!!

오겡끼데스까 겡끼는 元気죠. 원기 왕성하다는 말 있지 않습니까? 그래서 건강하냐는 인사말인데. 일본 사람들 お(오)를 시도 때도 없이 갖다 붙여 일어배우는 사람 헷갈리게 합니다. 그래서 전 그럴 때마다 일본 사람들한테 '황공무지로소이다' 라는 말을 가르쳐 주고 싶을 때가 있다니깐요. 어쨌거나 지금은 신경 쓸 필요 없습니다. 겡끼(元気)데스까? 라고 해도 됩니다.

하이, 오까게사마데 우리도 이런 인사치레는 합니다. 상대방이 보약 한 첩 져준 일 없더라도 생각해준 답례로 하는 것 있지 않습니까? 그러나 이 말도 잊어버렸다 싶을 때는 상대가 '겡끼데스까' 하고 물어오면, 그 말을 이용해서 하이, 겡끼데스 해도 좋죠, 뭐. 그리고 그 뒤에 '아리가또우 고자이마스(감사합니다)' 라고 덧붙이면 더 좋구요!

오히사시부리데스 히사시부리데스라고 하면 되는데, 또 오를 갖다 붙였네요. 이만하면 눈치 채셨겠죠? 웃사람에게 정중하게 얘기할 때 갖다 붙입니다. 근데 히사시부리데스네... 정말 많이 쓰입니다. 히사시부리데스네. 라고 물어오면 '뭐라고 시부리는 거야' 하지 마시고, 소우데스네.(그렇군요.)라고 대답하면 훌륭하고 이것도 저것도 생각 안나면 받아치면 됩니다. 히사시부리데스네... 하면 하이, 히사시부리데스.

01 적어도 인사는 하고 살아야죠.

일상생활에서 자주 쓰는 인사말입니다. 테이프를 들으면서 연습해 보세요.

아 리 가 또 - 고 자 이 마 스
ありがとう ございます。 감사합니다.

도 - 이 따 시 마 시 떼
どういたしまして。 천만에요.

••• 과거에 대한 감사표현으로는 「ありがとう ございました。」를 쓰고, 친구나 손아랫사람에게는 「ありがとう。」라고 합니다. 「どういたしまして。」와 세트로 외워두죠.

도 - 모 스 미 마 셍
どうも すみません。 대단히 죄송합니다.

이 - 에 다 이 죠 - 부 데 스
いいえ, だいじょうぶです。 아뇨, 괜찮습니다.

••• 사과표현. 과거에 대한 사과표현에는 「すみませんでした。」를 쓰고 비슷한 표현인 「ごめんなさい。(죄송합니다)」도 같이 알아두죠. 「だいじょうぶです。」는 무언가를 사양할 때도 쓰입니다.

잇 떼 기 마 스
いってきます。 다녀오겠습니다.

잇 떼 랏 샤 이
いってらっしゃい。 다녀오세요.

••• 외출하거나 마중할 때 쓰이는 표현으로 집이나 회사에서 쓰인답니다.

아리가또- 고자이마스

아리가또우라고 하게 되면 친구나 손아랫사람에게 쓰는 건데, 그런 거 따지지 말고 아리가또우 고자이마스만 알아도 됩니다. 손아랫사람에게 존대말 썼다고 따귀맞는 경우 없잖아요. 그죠?

도-이따시마시떼

이거 제가 책에 써놓고도 반박하고 싶은 문장입니다. 상대방이 감사하다고 했을 때 '천만에요' 라고 대답하는 경우는 거의 없죠. '아니에요~, 뭘요~' 라는 느낌을 주면 됩니다. 따라서 이이에, 이이에라는 대답이 가장 많이 쓰입니다. '천만에요' 가 꼬옥 쓰이는 경우도 있지만 형식적이고 딱딱한 표현이라... 그런 표현 좋아하시면 외워서 많이 쓰시던가.

あいさつ
인사

01

도-모 스미마셍

세상에 도우모처럼 많이 쓰는 표현 없을 겁니다. 이것만 외워도 일본인과 대화는 거의 이루어진다고 해도 과언이 아닐 정도예요. 사실 '감사합니다' 라고 할 때 도우모라고만 해도 됩니다. 스미마셍은 음식점에서 주인을 부를 때도 씁니다.

이-에, 다이죠-부데스

아(아)를 배울 때 다이죠우부에 대해서 소개해 드렸지요? 상대방이 미안하다고 했을 때 암것도 생각 안나면 이이에, 이이에라고만 해도 훌륭합니다. 우와, 회화 쉽다. 근데 꼭 이런 질문하는 사람 있어요. 식당에 가서 주인을 부를 때 스미마셍 하면 주인이 와서 다이죠우부데스 하는 것 아니냐고?

잇떼기마스 / 잇떼랏샤이

아니 초보자에게 ㄱ(츠)도 아니고 쪼그만 ㄱ(츠)는 또 뭐냐고요. 너무 하는 것 아녜요? 사실 우리가 기초 일본어 배워서 일본 사람 만나 '다녀오겠습니다' 할 일이 뭐가 있겠습니까? 그죠? 근데 이건 일상 회화에서 무지게 많이 사용하걸랑요. 외우기 싫어도 자동으로 외우게 되니까 편안하게 몇번 반복하시다 가시죠.

01

적어도 인사는 하고 살아야죠.

일상생활에서 자주 쓰는 인사말입니다. 테이프를 들으면서 연습해 보세요.

타 다 이 마
ただいま。　다녀왔습니다.

오 까 에 리　　나 사 이
おかえり（なさい）。　어서 오세요.

●●● 외출했다가 돌아오거나 귀가했을 때 쓰는 표현
으로 집이나 회사에서 쓰입니다. 친구나 손아랫
사람에게는 「おかえり。」라고 하기도 하죠.

이 따 다 끼 마 스
いただきます。

잘 먹겠습니다.

●●● 식사하기 전에 쓰이는 표현입니다.

고 찌 소 － 사 마 데 시 따　　　　고 찌 소 － 사 마
ごちそうさまでした。 / ごちそうさま。

잘 먹었습니다.

●●● 식사하고 나서 쓰이는 표현입니다. 가까운 사이
에서는 「ごちそうさま。」라고도 씁니다.

" 타다이마 / 오까에리(나사이) 이것 역시 いっ てきます。(다녀오겠습니다.) いってらっしゃい。(다녀오세요.) 이상으로 많이 쓰이는 말이지요. TV드라마 보면 수도 없이 나옵니다. 아니, 세상에 기본적으로 그렇지요. 다녀온다고 하는 놈이 갔다왔으면 말이 있어야 할 것 아닙니까? 안 그렇습니까? 그런데 이도저도 생각나지 않으면 사실 아까 말씀드린 도우모를 사용해도 됩니다. 어디 갈 때나 들어올 때 '하이, 도우모' 해 보십시오. 틀림없이 그 일본인은 '잇떼랏샤이' '오까에리나사이' 할 겁니다. 그래서 죽이는 말 아닙니까? 생각나지 않을 때 하십시오.

あいさつ
인사

01

하이, 도우모!

사실 이런 인사 자연스럽게 쓸 정도면 일본인 친구 몇 생길 정도는 돼야 됩니다. 자연스럽게 외워지니까 고민 끝!

이따다끼마스 처음 일본에 가서 놀란 것 중에 하나입니다. 정말 일본 사람은 때와 장소를 가리지 않고 두 손을 합장하고는 이따다끼마스!를 외치더군요. 물론 우리도 정중하게 인사 치레를 많이 하기도 하지요. '자아, 드시죠' '변변치 않습니다, 많이 드세요' '잘 먹겠습니다' 그런데 그 정도를 넘어서는 것이 이따다끼마스!! 입니다.

고찌소-사마데시따 고찌소우사마는 외우지 말라고 해도 외우게 됩니다. 왜냐하면 아, 맛있게 먹고, 잘 먹었는데 인사하고 싶지 않겠냐구요? 이것도 정 뭐하면 다 먹고나서 하이, 도우모하시던가요. 아주 틀린 말은 아니니까 말이죠.

고찌소우사마 정말 정말 많이 쓰고 싶은 말입니다.

01

적어도 인사는 하고 살아야죠.

일상생활에서 자주 쓰는 인사말입니다. 테이프를 들으면서 연습해 보세요.

오사끼니 시쯔레-시마스
おさきに しつれいします。 먼저 실례하겠습니다.

오쯔까레사마데시따
おつかれさまでした。 수고하셨습니다.

●●● 직장이나 모임에서 쓰이는 표현. '수고했다' 라는
의미의 인사말은 「おつかれさまでした。」로서
친구나 손아랫사람에게 말할 때는 「おつかれ。」
또는 「おつかれさま。」를 쓰기도 합니다.

시쯔레-시마스
しつれいします。 실례합니다.

하이 도-조
はい, どうぞ。 네, 들어오세요.

●●● 흔히 남의 집을 방문할 때 입구에 들어서면서
「しつれいします。」라고 하고 집주인은 「はい、
どうぞ。(네, 들어오세요.)」라고 손님을 맞이하죠.

사 요- 나 라
さよ(う)なら。

안녕히 가세요. / 안녕히 계세요.

●●● 헤어질 때의 인사말. 가까운 시일내에 다시 만나
는 경우에는 「それじゃ また。(그럼, 또 만나
요.)」라고 합니다.

" 오사끼니 시쯔레-시마스 일본에서 아르바이트로 1년 정도 운전을 했습니다. 인쇄회사였는데 역시 어떤 곳에 근무하느냐에 따라 많이 쓰이는 표현들이 있습니다. 전화오면 습관적으로 이쯔모 오세와니 낫떼 오리마스.(늘 신세지고 있습니다.)라든가 누군가를 찾으면 이마 좃또 데까케떼 오리마스가...(지금 잠깐 나가셨습니다만…) 그러다 퇴근이라도 먼저 할라치면 바로 이 표현을 쓰죠. 오사끼니 시쯔레-시마스. 회사뿐만 아니라 먼저 자리를 뜰 때 이 한마디하면 '매너 굿' 소리 듣게 되죠.

あいさつ

인사

01

오쯔까레사마데시따 오사끼니 시쯔레-시마스(먼저 실례하겠습니다.)라고 하면 뒷통수에 바로 이 소리가 들려오죠. 오쯔까레사마데시따(수고 많으셨습니다.) 이 말은 우리도 정말 많이 쓰지 않습니까? 양쪽 문화에서 자주 쓰이는 말은 틀림없이 자주 사용하기 마련이니 누가 먼저 외워 써먹느냐에 달렸습니다.

시쯔레-시마스 남에 집에 들어가면서 이 말을 쓰면 아주 세련돼 보이죠. 앞에 오사끼니를 붙였을 때와는 용도가 약간 다릅니다만, 우리말로 해석해봐도 금방 이해가 갈 겁니다.

하이, 도-조 무지하게 많이 쓰이는 표현입니다. 상대방이 예의를 갖추는 것 같으면 무조건 하이, 도우조라고 하면 끝납니다.

　"이것 좀 써도 될까요?"　☞　하이, 도우조

　"전화 좀 걸어도 될까요?"　☞　하이 도우조

'그렇게 하슈~'라는 아주 좋은 뜻이죠. 첨 배울 때는 도우모와 약간 헷갈릴 수 있으나 전혀 다르게 쓰이므로 잘 알아 두어야 할 것 같네요.

사요나라 바이바이, 짜이찌엔, 안녕히 가세요. 사요나라 이와나이데(안녕이라고 말하지 마). 아마 노래 가사에서 사요나라만 찾아도 책 한 권이 넘을 겁니다.

무슨 일이든지 '아, 여기가 고비구나'
하는 곳이 있다.

내가 처음 일본어 공부를 시작한 것은
고등학교 3학년 여름방학이었다. 당시
공업고등학교를 졸업하고 사회로 뛰어
들어야 했던 내가 일본어 공부를 왜 시
작했던가 하는 이유는 지금 생각해도
별 뾰족하게 대답할 말이 없다. 하여튼
괜히 혼자서 '가타카나'와 '히라가나'를
그리고 있고 했다. 그 후 흐지부지되고
말았으나 가슴 한구석엔 늘 대학 진학
과 일본어가 언제나 두 가지 숙제로 남
아 있었다. (…이하 중략…)

뒤늦게나마 대학 생활을 시작하고 보니 그동안 늘 마음 한구석에 남아 있는 일본어 공부에 대한
미련이 슬슬 고개를 들기 시작했다. 당시 내 생각에 일본어는 다른 외국어보다 쉬울 것 같았고
그래도 외국어 하나쯤 막힘없이 술술 하면 얼마나 좋을까 하는 소박한 바램도 있었다.

그래도 나름대로는 열심히 한다고 대학교 3학년 때부터 일본행을 꿈꾸기 시작했고, 후에 일본
으로 가는 비행기에 몸을 실었다.

내가 왜 그렇게 일본어를 쉽게 생각했을까? 우리말과 어순이 같아서? 아니면 어족이 우랄 알타
이어족이라서?

내가 가졌던 생각이 정말 커다란 착각이었다는 것을 깨달은 것은 일본에서 1년이란 세월을 써버
린 후였다. 그래서 난 갈등을 많이 했다. 계속 가야 하나, 여기서 멈춰야 하나…. (…이하 중략…)

애초에 난 공부머리가 아니었다. 학교 다닐 때도 내가 칭찬을 받은 것은 공부에서 라기보다는
학내의 무슨 행사에서 사회를 볼 때 였다.

가만히 보면 공부머리는 따로 있는 것 같다. 내가 하루 걸려 외워야 할 것을 한 10분 정도 가만
히 들여다보고는 줄줄 외워대는 친구가 있었다. 내가 일본에 말을 배우러 직접 가보겠다고 하
니까 제일 좋아하던 친구. 임광이.

고등학교 동창생인데 공부를 밥 먹듯이 해대더니 끝내는 공부로 밥을 벌어먹고 사는 친구이다.
지금은 대학의 학과장이다.

"야, 공부하러 간다고? 축하한다. 홍렬아, 아예 박사학위까지 따가지고 와라."

"아예 가서 죽으라고 해라. 난 남은 인생을 다 걸어도 안 된다."

"너 나이 들면 뭐 하니? 노후도 생각해야지. 강의할지?"

"노후에 개그하면 추해 보이냐? 그런 소리 하지 마라. 단지 웃음 하나만 딱 건져서 오는 게 내 목적이다. 근데 넌 공부하는 게 좋지?"

"그럼. 하면 할수록 재미있는 거 있지. 어떤 땐 재미있어 미칠 것 같더라."

"전공이 뭐라고 했지?"

"전자공학."

난 그가 본다는 책을 죽 훑어보며 말했다.

"이 책이지? 햐!"

"왜 그래?"

나는 평생 골치 아픈 것하고 싸워야 하는 친구가 불쌍해서 말을 잇지 않는다. 그런데 친구의 책엔 이상한 표지가 되어 있다.

"근데 이건 뭐냐? 책에다 표지해 놓은 거?"

"응 그거. 너도 안 써먹었으면 해봐. 난 무슨 책이든 사면 다섯 분량으로 구분을 해 놓지. 그것은 월화수목금을 의미하는 데 요일별로 정해놓은 분량을 읽는 거야. 바빠서 못 읽었던 부분이 있으면 토요일과 일요일에 보충하고. 처음에는 속도가 느릴지 몰라도 몇 주 지나면 책장을 휙휙 넘겨도 머릿속에다 들어간다구."

난 물끄러미 친구를 쳐다보다 묻는다.

"오래전부터 해 왔니?"

"그럼, 오래 전부터 해 왔지. 또 수필이나 가볍게 읽을 수 있는 책은 손 안 대고 오줌누기 방법이 있어. 책을 화장실에 갖다놓고 소변 볼 때마다 서너 쪽씩 읽는 거야. 그럼 따로 책읽는 시간을 내지 않아도 되잖아."

"소변 볼 때 두 손이 필요 없니. 넌?"

"그러니까 바지 다 내려야지. 야, 화장실에 혼잔데 무슨 걱정이냐?"

"지독한 놈. 넌 큰 거 볼 땐 논문 쓰겠구나."

이 친구를 만나고 나오면서 '그러니까 넌 공부로 평생을 사는구나'하는 생각이 들었다.

일본에서 일본어 때문에 슬럼프에 빠져 있을 때 이런 생각을 많이 했다.

'야, 공부! 너는 누구냐? 여러 과목도 아니고 단 한 과목 일본어인데 그거 하나 확 잡지 못하고 …… 내 너를 다섯 등분으로 쪼개서 월화수목금은 훑고 토일은 부족한 점을 메우리라.' 제까짓 게 뭔데, 괘씸한 것!

아무튼 이런 생각 끝에 얻은 결론이 하나 있다. 역시 내가 생각 하나는 정말 잘했다. 나 같은 '안 공부머리'는 외국어를 배우려면 외국으로 가야 한다는 것을. 어디를 가나 단어 하나라도 가르쳐 줄 사람이 많으니까 …… 그리고 세월이 가면 알아지는 것도 있다는 것을 …… 어쨌든 세월이 가니 내 입에서도 술술 일본어가 흘러나오기 시작했으니까.

또 버릇이 붙어서 기쁜 것이 있다. 두 손 놓고 오줌누기.

— 「사요나라 개그나라」 발췌

다지기 문제 *

:: **사랑의 짝대기** (서로 맞는 커플끼리 짝지어 줍시다.)

1. 아침에 만났을 때 

 a. おはようございます。

2. 헤어질 때 

b. さようなら。

3. 잠자기 전에 

c. おやすみなさい。

4. 사과할 때 

d. どうも すみません。

5. 오래간만에 만났을 때 

e. おひさしぶりです。

6. 상대방의 안부를 물어볼 때 

f. おげんきですか。

7. 감사의 마음을 표현할 때 

g. ありがとう ございます。

8. 외출할 때 

h. いってきます。

앞으로 이런 식의 쉬운 문제가 계속해서 나오지는 않겠지만
이 문제도 어렵다고 생각한 경우에는 증상이 심각하오니 가까운 병원에서
진찰을 받으시기 바랍니다. 전염성이 있을지 모릅니다.
그리고 얼른 구입한 책방으로 달려가서 책을 물어달라고 하십시오.

:: 다음 대화를 잘 듣고 상황에 맞는 그림을 고르세요.

①

잇 떼 기 마 스
A: いってきます。

잇 떼 랏 샤 이
B: いってらっしゃい。

②

도 - 모 스 미 마 셍
A: どうも すみません。

이 - 에 다 이 죠 - 부 데 스
B: いいえ, だいじょうぶです。

③

아 리 갸 또 - 고 자 이 마 스
A: ありがとう ございます。

도 - 이 따 시 마 시 떼
B: どういたしまして。

④

오 겡 끼 데 스 까
A: おげんきですか。

하 이 오 까 게 사 마 데
B: はい, おかげさまで。

⑤

오 사 끼 니 시 쯔 레 - 시 마 스
A: おさきに しつれいします。

오 쯔 까 레 사 마 데 시 따
B: おつかれさまでした。

O2

✽ 만났으면 자기 소개는 필수죠.

초면인 사람들끼리 나누는 인사말입니다. 테이프를 들으면서 연습해 보세요.

하 지 메 마 시 떼
はじめまして。

첨 뵙겠습니다.

••• 처음 만났을 때 나누는 인사말로 누구에게나 쓸 수 있답니다.

와 따 시 와 이 또 모 - 시 마 스
わたしは 李と もうします。

저는 이라고 합니다.

••• 자신을 소개할 때의 '저는 (이름)이라고 합니다' 라는 표현으로 「わたし」는 자신을 지칭할 때 쓰는 가장 보편적인 1인칭대명사. 「もうす(申す)」는 '말하다' 라는 뜻으로 「いう(言う)」보다 정중한 표현입니다.

Kotoba	•~と もうします　~라고 합니다

고 찌 라 와 와 따 시 노 토 모 다 찌 데 스
こちらは わたしの ともだちです。

이쪽은 제 친구입니다.

••• 사람을 소개할 때 쓰는 표현으로 「こちら」는 직역하면 '이쪽' 이지만 '이분' 이라는 뜻으로도 자주 쓰입니다.

Kotoba	•の ~의 •ともだち 친구

" 하지메마시떼

아마 일본어 배워서 일본 사람 만나면 제일 먼저 써먹을 수 있는 말이지요. 일본 사람 만나자마자 곤니찌와 하는 경우도 있겠지만 대부분 이 말을 많이 하죠. 일본사람들끼리도 엄청 많이 쓰입니다.

와따시와 이또 모-시마스

しょうかい

소개

02

저의 경우는 이홍렬이라는 발음이 일본사람들에게 엄청 어렵게 들리는 모양입니다. 특히 렬은 발음들을 제대로 못하더라구요. 그래서 어떨 때는 '홍' 이라고 그냥 소개하기도 합니다. 아무튼 상대방에게 내 이름을 잘 기억하게 하는 것이 중요하지 않겠습니까? 일본 사람들은 특히 처음 만나는 사람들에게는 명함을 많이 사용합니다. 참, 일본 사람들은 자신을 가리킬 때 손가락으로 자기 자신의 코를 가리킵니다. 첨에는 참 신기하더라구요.

"어허, 저러다 코 찔리면 어쩌지?"

고찌라와 와따시노 토모다찌데스

고찌라는 참 생소하지요? 친구를 소개할 때 자주 쓰이는 단어라 일단 맛보시라는 의미입니다. 조금 뒤에 3과에서 아주 상세하게 소개하게 됩니다. 그러나 이런 말도 그냥 와따시노 토모다찌데스 라고만 해도 됩니다. 그리고 친구를 살짝 댕겨 밀면 되죠, 뭐...

02

만났으면 자기 소개는
필수죠.

초면인 사람들끼리 나누는 인사말입니다. 테이프를 들으면서 연습해 보세요.

하 지 메 마 시 떼　나 까 야 마 데 스
はじめまして。なかやまです。

첨 뵙겠습니다. 나까야마입니다.

●●● 상대방을 직접 마주하고 자기 소개를 할 경우에는 「わたしは(저는)」이라는 문구를 생략하기도 한답니다.

요 로 시 꾸　오 네 가 이 시 마 스
よろしく おねがいします。

잘 부탁드립니다.

●●● 이 표현 앞에 「どうぞ(부디)」를 붙이면 보다 정중한 표현이 됩니다. 친구 사이에서는 「よろしく。」라고 간단히 말하기도 하죠.

고 찌 라 코 소　도 ー 조　요 로 시 꾸
こちらこそ どうぞ よろしく。

저야말로 잘 부탁드립니다.

●●● 상대방이 '잘 부탁드립니다' 라고 했을 때의 관용 표현입니다. 이 표현 뒤에 「おねがいします。」를 덧붙여도 됩니다.

하지메마시떼. 나까야마데스 아주 간단하게 자기 소개를 하는 거지요. 정말 무난합니다만, 아주 건방지게 이야기하려면 "오마에, 오레노 나마에오 기이따노까(너, 내이름은 들어는 봤는가?)"라고 하면 되는데… 지금은 안 배우는 게 건강에 아주 좋습니다.

요로시꾸 오네가이시마스 이것은 자기 이름을 말한 다음에 나오는 셋트라고 생각하면 됩니다. 기왕이면 입에 붙게 셋트로 이어서 외우면 좋습니다. 우선 일본인을 만나면 하지메마시떼 와따시와 이홍렬또 모우시마스 도우조 요로시꾸 오네가이시마스 그러면 일본 사람이 확실히 알아듣고 일본말 잘한다는 둥, 일본사람 같다는 둥, 칭찬을 연발할 겁니다. 그렇다고 '아, 내 발음이 죽이는구나' 하고 너무 착각하진 마시고 씨익 한 번 웃어주시기 바랍니다. 인사 치레니까요.

고찌라코소 도-조 요로시꾸 이거 벌써 안 배워도 됩니다. 이런 표현이 있다는 것만 알아두시면 됩니다. 일본 사람이 이런 말 쓰면 '아, 그런 뜻이구나' 하면 되는 것이지 '이쪽이야말로 잘 부탁합니다' 는 안 해도 되고 내가 한 박자 늦으면 오히려 똑같이 받아치면 됩니다. 저쪽에서 '잘 부탁합니다' 하면 나도 오네가이시마스.

처음 일본사람 만나면 대부분의 대화가 정해져 있걸랑요.

"하지메마시떼 다카무라데스"

"하지메마시떼 이홍-렬또 모우시마스 도우조 요로시꾸 오네가이시마스"

"고찌라코소 요로시꾸 오네가이시마스 니혼고 우마이데스네"

"돈데모 나이데스 마다마다데스요. 니혼고 얏빠리 무즈까시이데스네"

그 날이 멀지 않았습니다. 간바리 마쇼우(열심히 합시다)!

しょうかい

소개

02

Unit 02

만났으면 자기 **소개**는 필수죠.

사람들 앞에서 자기소개를 한다고 생각하고 따라해 보세요.

하 지 메 마 시 떼　임 또　모 ― 시 마 스
はじめまして。林と もうします。

처음 뵙겠습니다. 임이라고 합니다.

●●● 자기 소개 표현.

와 따 시 와　캉 꼬 꾸 진 데 스
わたしは かんこくじんです。

저는 한국인이예요.

●●● 이와 비슷한 표현으로 「わたしは かんこくから きました。(저는 한국에서 왔습니다.)」라고 하기 도 하죠.

Kotoba ・韓国人(かんこくじん) 한국인

다 이 가 꾸　요 넨 세 ― 데 스
だいがく よねんせいです。

대학교 4학년이고요.

도 ― 조　요 로 시 꾸　오 네 가 이 시 마 스
どうぞ よろしく おねがいします。

아무쪼록 잘 부탁드립니다.

●●● 「どうぞ」는 '부디, 아무쪼록' 이라는 뜻으로 남 에게 부탁할 때 쓰이는 부사.

Kotoba ・大学(だいがく) 대학
・4年生(よねんせい) 4학년

66 하지메마시떼. 임또 모–시마스

林です(임입니다)보다 더욱 더 정중하게 인사하는 법입니다. 일본어를 배우기 시작하면 우리말처럼 존대어와 반말, 게다가 여자가 인사하는 법까지 있어서 짜증나기 시작하는데, 인내를 갖고 좀 더 하다 보면 그것도 법칙이 있기 때문에 그렇게 성질 낼 일이 아닙니다. 지금은 林です 라고만 할 줄 알아도 충분합니다.

しょうかい

소개

02

와따시와 캉꼬꾸진데스

일단 일본에만 가더라도 처음 보는 일본인에게는 한국 사람이라는 것을 밝히면서 이야기해야 되겠지요? 이야기하지 않으면 같은 일본사람으로 보는 경우도 있고 중국 또는 베트남 쪽 아니냐고 묻는 경우도 있습니다. 지금이야 한국이 워낙 인기가 있으니까 밝히는 순간부터 분위기 좋아지겠지요?

다이가꾸 요넨세–데스

처음에는 이런 발음하기도 힘이 듭니다만, 걱정하실 필요 없습니다. 우리가 아무리 잘해야 외국인 아니겠습니까?

항상, 자기는 입도 떼지 않으면서 남의 발음이 맞나 틀리나 지켜보는 친구들이 있긴 있어요~. 정말 짜증나죠.

도–조 요로시꾸 오네가이시마스

노래하듯 흥얼거리게 됩니다. 앞서 배운 공식 중의 하나죠?

난 일본인들이 그토록 열광하는 국민적인 경기인 스모를 하마터면 귀국할때까지 구경 한 번 못 할 뻔했다. '어디 한 번'이라고 며칠을 벼르고 벌려 TV화면 앞에 앉았다가도 식전의 행사를 채 몇 분도 보기 전에 내 손가락은 리모컨의 다른 번호를 더듬고 만다. 며칠 동안 다져 먹었던 마음이 한순간에 그냥 부질없어지곤 했다.

우선, 난 선수들의 차림부터가 마음에 들지 않았다. 아슬아슬하게 걸친 훈도시(우리나라 유아들의 기저귀와 비슷함)의 야만스럽고 천박함이 싫었고 위엄이 없어 보이는 심판의 그 모습도 스모의 세계로 나를 몰입하지 못하게 하는 이유 중의 하나였다. 그리고 무엇보다도 식전에 치르는 의식이 싫었다.

또, 200kg을 넘나드는 거구의 선수들이 양쪽 다리를 번갈아 들었다 놓았다 하기를 몇 차례, 이제 시작 하나보다 하면 입 안을 물로 헹구고 소금을 한웅큼 쥐어 모래판에 뿌리는 지루한 의식.

하지만, 정작 승부에 필요한 시간은 8초에서 10여 초 남짓. 빠르면 10초를 넘기기도 전에 승부가 나 버린다. 그 짧은 승부를 보자고 그 많은 시간을 기다려야한다니, 나처럼 성질 급한사람에게는 차라리 고문이다.

나는 맛난 집이라고 소문난 곳을 찾아가서도 줄을 서서 기다려야 한다면 난 그 맛에 대한 호기심을 금방 포기해 버리고 만다. 그건 일본에서도 마찬가지.

일본에는 왜 그렇게 줄서는 것이 많은지... 인구가 많아서인지, 아니면 맛과 여유를 즐기는 사람이 많아서인지.

길게 줄을 늘이고 있어서 가보면 500엔짜리 치즈케익, 혹은 라면을 파는 식당 같은 곳이다. 오로지 복권을 사려고 200m 이상 길게 늘어선 줄을 보곤 정말 놀라서 한참을 쳐다본 일도 있다.

아무튼 나도 스모를 보려고 노력을 많이 하기는 했다. '에이'하고 채널을 돌려버렸다가 혹시나 하고 채널을 다시 되돌려 보지만 역시 경기는 시작도 하고 있지 않거나, 몇 초안에 승부를 내는 그 경기의 속성 때문에 경기는 끝나고 시상식 장면만이 기다리고 있기도 했다.

만일 채널 10의 TV아사히가 매일 그날에 있었던 시합의 승부장면만 편집해서 보여주는 〈스모 다이제스트〉를 발견하지 못했다면 결국은 스모를 한 판도 보지 못할뻔했다.

홈런만 계속되는 야구 하이라이트처럼 스모의 '확 붙는' 장면만을 모아서 보여주는 프로그램을 보면서 일본에도 줄서서 기다리지 못하는 나 같은 사람들이 더러 있나 보다 하고 회심의 미소를 지었다.

이 프로그램 덕분에 난 스모에 조금이라도 재미를 느낄 수 있었다. 스모는 우리의 씨름과 비슷하면서도 틀린 구석이 있다.

도효(土俵)라고 불리는 지름 4.5m의 원 안에서 싸워야 하는 규칙이나 일단 붙어서 샅바를 잡으면 발바닥 이외의 어느 부분이라도 원 밖에 닿기만 하면 지게 되기 때문에 온갖 기술을 다 동원시키는 것은 씨름과 비슷한 점이다. 반면 서로 원 밖으로 밀어내는 밀치기를 위해서 체중을 끔찍하게 늘이기만 하는 것은 우리 선수들과 다른 점이다. 그리고 스모는 승리자에 대해 계급을 준다. 우리나라의 천하장사와 같은 격인 요코즈나든가 그 밑으로 오제키, 세키와케 등으로 급을 나눈다. 경기는 3판 2승이나 5판 3승이 아닌 단 한번의 경기로 승부를 낸다. (…이하 중략…)

일본에서 스모의 열기는 정말 대단하다. 아이에서 어른에 이르기까지 내가 일본 생활에서 자주 얼굴을 접하던 우리 동네 쌀집 아저씨, 채소 가게 아저씨, 이발소 아저씨 모두 스모라면 정신을 못 차리는 사람들이다.

스모의 열풍이 내 목숨을 앗아갈 뻔한 일이 있었다. 이발소야 어느 나라고 비슷하게 생긴 것이고, 그날도 나는 이발요금에 곱하기를 하면서 내가 우리 돈으로 얼마나 비싼 이발을 하고 있나를 생각하면서 이발소에 들어섰다.

사람은 별로 없고 TV에서는 스모 중계가 한창이었다. 머리를 깎는 동안 마침 스모의 의식이 끝났다. 아저씨는 비누거품을 내 얼굴과 목에 걸쳐 잔뜩 묻히기 시작했다.

그리고 칼을 목 부분에 대고 면도를 시작하려는 순간, 갑자기 이 아저씨가 넋을 잃고 TV를 보는 바람에 나는 뭐라고 말도 못하고 일어서지도 못하고 완전히 생명을 스모에 담보 잡힌 형국이 되고 말았다.

목을 위협하고 있는 칼날을 유심히 보아가면서 넋을 잃고 있는 아저씨를 겨우 손가락으로 조심스럽게 찌르며 내 목을 가리키자 그제야 정신이 드는 모양이었다. 하마터면 외국 땅에서 목숨을 잃을 뻔했으니… 그것도 스모 때문에. 내가 그때 변을 당했으면 난 국제적인 스타가 되었을지도 모르겠다. 하도 희한한 일이라 해외 토픽감이 되지 않았을까? (… 이하 중략…)

스모의 바람은 일본 전역을 몰아치며 일본을 하나로 만들고 있다. 이걸 보고 일본 사람들은 바람을 참 잘 잡는다고 느끼면서 우리 나라의 씨름을 생각했다. 나도 이만기 선수가 인기있을 때 씨름을 즐겨 보긴 했지만 일본 사람들이 그들의 스모에 보이는 만큼 열정적이지는 않았다.

일본 사람들은 바람잡이의 명수이다. 후지산에 올라가는 길에 비단을 깔아놓아서 그렇게 세계적으로 유명할까? 결코, 그렇지 않다. 그런데 그들은 바람을 잘 잡아놓았다. 일단 와서 멀리서라도 한번 보고 싶게끔… 이래서 찾아오면 그들은 깨끗하게 해놓고 아주 친절하게 맞이한다. 영원한 고객으로 만들기 위해서.

우리도 머리를 맞대고 의논해 볼 필요가 있다. 바람이 별 건가? 속되게 말해 '뻥' 잘 튀겨서 — 이 분야엔 일본보다 우리 나라에 선수가 더 많지 않을까? — 외국인들 찾아오게 하고 우리의 것을 깨끗하게 단장하여 보여 주면 되지 않겠는가? 세상 어디에 우리 나라처럼 국토가 예쁘고 볼 것 많은 곳이 있겠는가?

— 「사요나라 개그나라」 발췌

1 ~は ~です

~은/는 ~입니다

와 따 시　와　　게 – 노 – 진　　데 스
わたし + は + げいのうじん + です。
저　　　는　　　　연예인　　　　　입니다.

わたし(나/저), は(은/는), げいのうじん(연예인), です(입니다)로 이루어진 문장입니다.
연예인이라는 직업 대신 이름을 넣으면 보다 자세한 자기 소개가 됩니다.

와 따 시 와　　하 이 샤 데 스
わたしは　はいしゃです。　　　나는 치과의사입니다.

와 따 시 와　　각 세 – 데 스
わたしは　がくせいです。　　　나는 학생입니다.

한 말씀　~です(입니다)는 ~だ(이다)의 공손한 표현, ~は는 조사로 쓰일 때 [와]로 발음
단어　芸能人 (げいのうじん) 연예인 / 歯医者 (はいしゃ) 치과의사 / 学生 (がくせい) 학생

인칭대명사

기본적인 인칭대명사는 알아야 주어가 누군지 알아 듣죠. 꼭 알고 넘어갑시다.

	와 따 쿠 시	보꾸	오 레
1 인칭	わた(く)し (나, 저)	ぼく (나, 저)	おれ (나–남성어)
	아 나 따	키 미	오 마 에
2 인칭	あなた (당신)	きみ (자네)	おまえ (너)
	카 레	카 노 죠	
3 인칭	かれ (그)	かのじょ (그녀)	

2 ~と もうします

~라고 합니다

わたし + は + 李洪烈と + もうします。
(와따시) (와) (리홍ㅕㄹ또) (모-시마스)
저 는 이홍렬이라고 합니다.

わたし(나/저), は(은/는), 李洪烈と(이홍렬이라고), もうします(합니다)라는 자기 소개를 할 때 쓰이는 표현입니다.

わたしは ゼシカと もうします。
(와따시와) (제시카또) (모-시마스)
저는 제시카라고 합니다.

わたしは 田中と もうします。
(와따시와) (타나까또) (모-시마스)
저는 타나까라고 합니다.

한 말씀   申す(もうす) 는 '말하다' 라는 뜻으로 言う(いう)보다 정중한 표현

の의 용법 I

~の는 조사로서 우리말의 ~의, ~에 있는 에 해당한답니다.

일본어에서는 명사와 명사를 연결할 때 반드시 の를 써야 합니다. 이게 버릇이 되어 일본 사람들이 아노~, 소노~ 하는가 봅니다. 본문에서도 내 친구를 わたしの(나의) ともだち(친구)라고 했죠. 단, 고유명사는 명사와 명사일지라도 の로 연결하지 않습니다.

東京大学　　도쿄대학
東京の大学　　도쿄에 있는 대학

숫자 익히기

いち　1
ひとつ　하나

に　2
ふたつ　둘

さん　3
みっつ　셋

よん・し　4
よっつ　넷

ご　5
いつつ　다섯

ろく　6
むっつ　여섯

なな・しち　7
ななつ　일곱

はち　8
やっつ　여덟

きゅう・く　9
ここのつ　아홉

じゅう　10
とお　열

여기서 잠깐 !!

본문에서 4학년이란 단어가 나왔으니 숫자를 집고 넘어가죠.

숫자 익히는 거 이거 무지무지 중요하지요. 근데 세는 방법이 좀 짜증나죠?

4의 경우에는 시·욘, 7의 경우에는 나나·시찌, 9의 경우에는 큐-·쿠와 같이 두가지로 읽기도 하고 말이죠. 저도 어떨 때는 헷갈릴 때가 많습니다.

우리도 왜 일이삼사오륙칠팔구십. 하나둘셋넷다섯여섯일곱여덟아홉열이라고 하지 않습니까?

또 어떤 사람은 한놈두시기석삼너구리... 이런 식으로 센다고 우기는 사람도 있어요.

✻ **전화번호를 읽어볼까요?** (전화번호의 −은 の라고 발음)

001-3273-4300

ぜろぜろいちの
さんになならさんの
よんさんぜろぜろ

652-7789

ろくごにの
なななはちきゅう

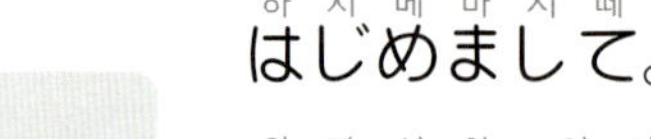

:: 자기 소개를 하고 있습니다. 누가 말하는지 잘 듣고 골라 보세요.

①

^{하 지 메 마 시 떼}
はじめまして。

^{와 따 시 와 야 마 다 또 모 - 시 마 스}
わたしは やまだと もうします。

^{도 - 조 요 로 시 꾸 오 네 가 이 시 마 스}
どうぞ よろしく おねがいします。

a. やまだ

②

^{하 지 메 마 시 떼   임 또 모 - 시 마 스}
はじめまして。 林と もうします。

^{와 따 시 와 다 이 가 꾸 니 넨 세 - 데 스}
わたしは だいがく にねんせいです。

^{요 로 시 꾸 오 네 가 이 시 마 스}
よろしく おねがいします。

b. 林

③

^{하 지 메 마 시 떼}
はじめまして。

^{다 까 하 시 또 모 - 시 마 스}
たかはしと もうします。

^{와 따 시 와 하 이 샤 데 스}
わたしは はいしゃです。

c. たかはし

④

^{하 지 메 마 시 떼}
はじめまして。

^{이 또 모 - 시 마 스}
李と もうします。

^{와 따 시 와 게 - 노 - 진 데 스}
わたしは げいのうじんです。

d. 李

:: **다음 밑줄 친 부분에 자신의 이름과 직업을 넣어 말해 보세요.**

자기소개

はじめまして。

わたしは ___________ と もうします。

わたしは ___________ です。

どうぞ よろしく おねがいします。

:: **다음 숫자를 따라 읽어 보세요.** Listening

さん

じゅう

に

ご

:: **다음 수사를 따라 읽어 보세요.** Listening

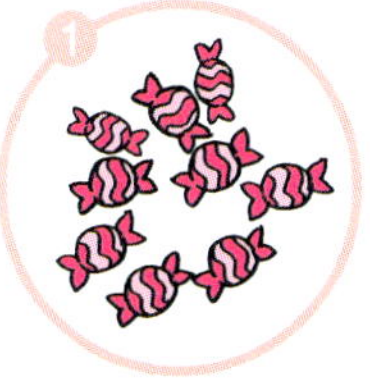

ここのつ

ひとつ

むっつ

ふたつ

O3

✴ 이건 **뭐**예요?

사오정 두 사람이 이야기하고 있군요. 이 대화에서 '이것'은 무엇일까요?

고 레 와 난 데 스 까
これは なんですか。

이건 뭐예요?

●●● 「なんですか」는 '무엇입니까?(뭐예요?)'라는 뜻
으로 사물을 물을 때 쓰입니다.

Kotoba	・これ 이것

소 레 와 란 쟈 아 리 마 셍
それは らんじゃ ありません。

그건 난초가 아니에요.

●●● 상대방이 「これ」로 물으면 「それ」로 대답합니다.
「~じゃ ありません」은 「~じゃ ない(~이 아니
다)」의 정중한 표현으로 「~じゃ ないです」로도
쓸 수 있습니다.

Kotoba	・それ 그것
	・らん(蘭) 난초

아 아 레 모 란 노 하 나 데 스 네
あ、あれも らんの はなですね。

아, 저것도 난꽃이군요.

●●● 「あれ」는 먼 곳에 있는 것을 가리킬 때 쓰이며
'저것'이라는 뜻.

Kotoba	・あれ 저것
	・らんの はな(蘭の 花) 난꽃
	・~も ~도(조사)

"고레와 난데스까 사실 이 말을 빨리 배워야 일본어가 쑥쑥 늘기는 합니다. 뭐든지 가리키면서 이 말을 써먹으면, 일본사람이라면 친절하게 가르쳐 줄 것이고, 따라하다 보면 자연스럽게 배울 수 있는 것이죠. 무진장 많이 써 먹을 수 있는 말이죠... 고레와 난데스까?

소레와 란쟈 아리마셍 ~じゃ ありません은 아니라는 부정인데 일본어에서 기가 막히게 써먹습니다. 어느새 눈치채신 것이 있을 겁니다. じゃ(쟈)할 때 히라가나 し 위에다 "(일명 땡땡) 하고 갖다 붙이는 것이죠. 히라가나 배울 때 틀림없이 얘기한 적이 없습니다. 지금은 발음만 약간 틀리다는 것만 아시고 일단 넘어가시는 것이 좋을 듯 싶습니다. 금(金(きん))과 은(銀(ぎん))의 발음 차이는 단지 " 하나이지만 발음이 틀려지죠. 그런 거 계속 이야기하면 책 덮으실지 모릅니다. 그래도 참지 못하는 분들을 위해서 조금만 소개합니다.

これは なんですか

이건 뭐예요

03

か(카) が(가) き(키) ぎ(기) く(쿠) ぐ(구) け(케) げ(게) こ(코) ご(고)
さ(사) ざ(자) し(시) じ(지) す(스) ず(즈) せ(세) ぜ(제) そ(소) ぞ(조)
た(타) だ(다) ち(치) ぢ(지) つ(츠) づ(즈) て(테) で(데) と(토) ど(도)
は(하) ば(바) ぱ(파)
ひ(히) び(비) ぴ(피)
ふ(후) ぶ(부) ぷ(푸)
へ(헤) べ(베) ぺ(페)
ほ(호) ぼ(보) ぽ(포)

아레모 란노 하나데스네 이런 것은 조사만 배우면 바로 나오는 것 아니겠습니까? "…도" 할 때는 "…も" 를 갖다 붙이면 끄읕!! 란(蘭)도 외우기 쉬운 단어이지요?

03

이건 **뭐**예요?

스 미 마 셍　토 이 레 와　도 꼬 데 스 까
すみません。トイレは どこですか。

실례합니다. 화장실이 어디죠?

●●● 「~は どこですか」는 장소를 물어볼 때의
'~은/는 어디입니까?' 라는 표현입니다.

Kotoba	・トイレ　화장실

아 소 꼬 데 스
あそこです。

저기에요.

●●● 「あそこ」는 '저기, 저곳' 이라는 뜻으로 자신과
떨어져 있는 곳을 가리킬 때 쓰입니다.

도 － 모
どうも。

감사합니다.

●●● 이 표현은 간단한 감사표현으로, 이 뒤에 「あり
がとう」나 「ありがとう ございます」를 덧붙이
면 보다 정중한 표현이 됩니다.

66 스미마셍. 토이레와 도꼬데스까

トイレ 드디어 가타카나가 맛배기로 나왔습니다. といれ 라고 이렇게 써주면 바로 읽어버릴텐데... 이런 쯧쯔쯔... 그래서 앞쪽으로 책장을 넘겨 가타카나에서 찾아보게 됩니다. '토일렛' 이라고 하면 그래도 알아들을 텐데, 일본에서는 토이레 라고 다 통하니 어쩝니까, 외워야지. 오줌마려 죽겠는데...

これは
なんですか

이건 뭐예요

03

아소꼬데스

저쪽이라고 하네요. 외국 어디나 화장실표시야 거의 같지 않겠습니까? 신쥬쿠에 유료 화장실이 있는데, 돈을 넣어야 문이 열립니다. 절대 사용을 안 했지요. 얼마나 아깝습니까? 백화점 가면 그냥 볼 수 있는데... 2년동안 딱 한 번 사용했습니다. 그날은 설사라서 어쩔 도리가 없었습니다...아까워서 한참 있다가 나왔던 기억이 있습니다.

도-모

도우모 정말 편한 말이라고 말씀드렸지요. 화장실이 어디라고 가르쳐줄 땐 이미 다른 말은 필요 없습니다. 얼른 바지에다 싸기 전에 달려가는 게 급선무니까요... 그럴 때 편하게 날리면서 하는 말이 바로 도우모 입니다. 정말 편한 말입니다. 물론 조금 덜 급하면 그 뒤에 알아서 도우모 아리가또우 고자이마스 라고 하면 됩니다만...

03 이건 뭐예요?

고 레 와 고 - 히 - 데 스 까
これは コーヒーですか。　　이건 커피인가요?

이 - 에 소 레 와 쇼 - 유 데 스
いいえ、それは しょうゆです。

아뇨, 그건 간장이에요.

●●● '이건 뭔가요?' 라고 물으면 '그건 ~예요' 라고
답하는 것처럼 일본어에서는 「これ」로 물으면
「それ」로 답합니다. 「いいえ」는 '아니오' 라는 뜻.

Kotoba	•コーヒー　커피	•しょうゆ　간장

아 레 와 아 나 따 노 데 스 까
あれは あなたのですか。 저건 당신 건가요?

하 이 소 - 데 스
はい、そうです。　　네, 그렇습니다.

●●● 「あなたのですか」의 の는 '~의 것' 이라는 뜻으
로 소유를 나타냅니다. 「そうです(그렇습니다)」
는 「そうだ」의 정중한 표현.

아 노 쇼 - 유 와 와 따 시 노 데 스
あの しょうゆは わたしのです。

저 간장은 제 거예요.

●●● 「あの」는 뒤에 명사와 같이 쓰여 '저~' 라는 뜻.
이 밖에 「この~(이~), その~(그~), どの~(어
느~)」도 알아둡시다.

고레와 고-히-데스까 이것은 커피냐고 물어보는데, 또 가타카나가 나오고 말았습니다. 우리는 분명히 커피인데, 그들은 커피라고 하면 못 알아듣습니다. 분명하게 고-히-! 라고 해야 갖다 줍니다. 첨에는 발음 때문에 짜증나서 많이 툴툴 댔습니다만, 인정해야 한다고 생각합니다. 그것도 고하고 길게 히하고 길게 발음해야 정확합니다. 짜증나시면 그냥 자판기를 이용하시던가... 자동판매기는 한문으로 自動販買機 라고 쓰고 읽기는 지도우한바이끼(じどうはんばいき)라고 합니다.

これは なんですか

이건 뭐예요

03

이이에, 소레와 쇼-유데스 어허, 이런 커피냐고 물어봐서 가보니 그것은 간장이군요. 커피(물론, 블랙커피겠지만...)하고 간장하고 구분을 못하다니, 콜라 거품 빠지면 그것도 헷갈리겠군요. 이런 답답한 경우를 두고 우리는 이렇게 말하지요. '야, 넌 된장인지 똥인지 꼭 맛을 봐야 아냐?'

아레와 아나따노데스까 저것은 당신의 것입니까? 라고 물어봤습니다. 그러고 보니 고레. 소레. 아레가 자꾸 나오는 것을 보니, 한번쯤 정리하고 가긴 가야 할 모양입니다.

하이, 소-데스 네, 그렇습니다.

아노 쇼-유와 와따시노데스 저 간장은 나의 것입니다. 간장이 니꺼내꺼가 어딨습니까? 대부분 식탁에 놓고 같이 찍어 먹는 것이지... 그런데 또 아노가 나왔지요. 고레. 소레. 아레 처럼 고노. 소노. 아노 도 한번 정리하고 넘어가긴 가야 할 모양입니다. 그죠?

· 주위나 상대에게 마음을 쓴다.
· 인간관계의 평온함을 희망한다.
· 마음을 여는 것이 늦다.
· 규칙이나 관습을 존중한다.
· 질서를 중요시한다.
· 행동이나 표현을 억제한다.
· 사고를 어떤 틀에 끼어 맞추려 한다.
· 흑백, 선악의 구별을 확실히 한다.
· 장래에 대해 비관적이다.
· 과거를 될 수 있는 한 낙관적으로 본다.
· 흥미에의 집중력, 지속력이 약하다.
· 마음의 상처회복이 늦다.
· 완전주의를 존중하고 어떤 일에든 완전을
  희망한다.
· 현상유지가 중요하다. 아무것도 하지 않는 것에 약하다.
· 무엇인가의 도움이 되는 것에 보람을 느낀다.

이 긴 문항들이 무엇에 대한 것인가 궁금한 사람들이 많을 것이다. 이것은 혈액형 따지기를 좋아하는 일본 사람들이 A형의 성격이라고 분석해 놓은 것이다. 혈액형이 A형인 사람들은 몇 개가 자신의 성격에 해당되는지 표시해 보기 바란다.

일본 국민 중 혈액형이 A형인 사람이 전 국민의 40%를 차지한다. 나머지 혈액형의 비율은 O형이 30%, 그 밖에 20, 10%를 차지한다고 하니 A형의 사람들이 일본을 끌어간다고 해도 과언이 아닐 것이다.

왜 난데없이 혈액형 타령이냐고 하는 사람이 있을지도 모르나 여기저기서 발견되는 일본 사회의 꼼꼼함과 완벽함의 추구가 어디서 기인하는가를 곰곰이 생각하다가 나름대로 생각해 낸 궁색한 분석이다.

사실 나도 A형이지만 나를 질리게 하는 일들은 일본 사회 곳곳에 있다. 경제대국이라는 칭송을 얻은 것은 운이 좋아서 그런 것이 아니라 하찮은 것에도 정성을 기울이고 노력한 결과라는, 평범하지만 쉽지만은 않은 행동의 결실이라는 생각이 들게 하는 일이 많다.

무엇이든 어영부영 일하는 게 없는 곳이 일본이다.

길거리를 지나다 보면 빈틈없이 보호천으로 가려놓은 곳들이 눈에 띈다. 높은 건물을 짓는 곳이면 어김없이 발견되는 광경이다. 지나가는 행인에게 혹시나 피해를 줄세라 빈틈없이 사방을 가려놓은 보호천을 보면 탄성이 절로 나온다.

이 보호천은 건물이 완공되어야 완전히 떼어내게 되는데, 여기서 공사한 측의 책임이 끝나는 것은 아니다. 공사를 끝낸 뒤에는 먼지 하나 없이 공사장 주변을 치우고 가는 모습은 꼼꼼함일까 아니면 결벽증 같은 것일까 하는 궁금함이 절로 들게 한다.

한번은 어느 골목을 지나는데 어떤 집의 대문에 테니스 공이 비닐봉투 안에 담겨 걸려 있었다. 그곳을 몇 번이나 지나다녔는데도 공은 그대로 매달려 있어서 무슨 사연이 있을까 하는 호기심이 생겼다. 한번은 마침 그 집으로 들어가는 사람이 있기에 그 사람을 잡고 물어봤다.

"아! 그 공 말입니까? 우리 집 담을 넘어온 공인데 주인이 찾아가라고 매달아 놓았는데도 통 찾아가질 않습니다. 그래서 꽤 오랫동안 대문에 매달려 있지요."

이런 일은 웬만한 품성을 가진 사람이 아니면 하기 힘든 일이다.

'꼼꼼함' '치밀함' '서로에 대한 배려'는 일반 시민의 생활뿐 아니라 행정관청도 마찬가지다.

집을 옮길 때면 저 살던 구역소(우리의 구청)에서 편지가 왔다. 갖고 계신 건강보험 카드는 같이 보낸 봉투에 넣어 우체통에 넣어만 달라는 내용이다. 바쁘실 텐데 오실 것까지는 없다는 말과 함께 말이다.

일본어 능력1급 시험은 일년에 한 번씩만 보게 된다. 한 번 시험에 떨어지면 1년을 기다려야 한다. 91년 시험을 봐서 떨어진 내가 92년 시험지를 받아들고 또 한 번 놀랐다. 시험 답안 용지에 각자의 수험번호와 이름이 전부 찍혀서 나온 것이다. 시험 잘 보고도 수험번호와 이름을 안 써서 애먹는 사람들이 많아 아예 수험생들에게 답안만 쓰게 한 것이다.

또 방을 계약할 때 계약서를 쓰는 시간은 조금 과장해서 말하자면 방을 구하러 다니던 시간만큼 오래 걸린다. 계약서를 다 쓴 후 주인이 두 번 세 번 읽으면서 조목조목 확인시켜 나가는 긴 시간은 꼼꼼하다 못해 사람을 질리게 만들기도 한다. (…이하 중략…)

하지만 이렇게 치밀하고 꼼꼼함 속에서 살다 보면 부러운 면도 있지만 반대로 우리식의 삶의 방식에 익숙한 우리는 금방 스트레스 받는 부분도 있다.

슈퍼에서 1엔이 모자라서 물건을 사지 못한 경우도 있다. 우리나라 같으면 있을 수 없는 일이다.

"아줌마, 저 1엔이 모자라요."

난처해 하며 이렇게 얘기하면 안면이 조금만 있어도 대부분의 주인들은 이렇게 얘기할 것이다.

"아이구, 그냥 가요. 우리가 그런 사이유? 1엔 갖고."

이렇게 사람들 사이에서 발견되는 여유로움 같은 것이 그 사회에서는 쓸모가 없는 것이 되고 만다. 잘 만들어진 톱니바퀴가 돌아가듯 여유 없이 돌아가는 사회. 이런 빡빡함 같은 것이 간혹 일본사회에서 발견되는 집단적인 잔혹함이나 시끄러움의 원인이 되는지도 모르겠다. 살인 현장 같은 끔찍한 레슬링을 남녀 할 것 없이 즐기는 모습이나 폭력적인 비디오가 선풍을 끄는 이유가 여기에 있지 않을까? 개인적으로는 조용조용하고 친절해야 하는 사회의 관습이 우리라는 거대한 집단 속에 들어가면 집단적인 힘으로 발휘되고. 이런 방법으로 사회의 정서적인 균형을 유지하는 것인가? (…이하 중략…)

— 「사요나라 개그나라」 발췌

1 ~は ~ですか　　　　　~은/는 ~입니까?

これ + は + なん + ですか。
고 레　　와　　　난　　데 스 까
이것　　　은　　무엇　　　입니까?

これ(이것), は(은/는), なん(무엇), ですか(입니까)로 이루어진 문장입니다. 의문문은 ~です 뒤에 か만 붙이면 되고 의문부호 ?는 붙지 않습니다. なん(何)은 '무엇, 무슨, 몇'이라는 뜻. 지시대명사는「こ・そ・あ・ど」로 자신에게 가까운 것은「こ」, 조금 떨어져 있는 것은「そ」, 멀리 떨어져 있는 것은「あ」, 의문사는「ど」로 시작한답니다.

それは　なんですか。
소 레 와　　난　데 스 까
그것은 무엇입니까?

あれは　あなたのですか。
아 레 와　　아 나 따 노 데 스 까
저것은 당신 것입니까?

한 말씀　なん(何)은 なに로 발음되는데 뒤에 , ~ [t, d, n]의 음이 오거나 '몇'으로 해석될 때는 なん으로 읽습니다.

の의 용법 2

~の는 소유의 대상이 되는 명사를 포함해서 ~의 것 이라는 소유를 나타내는 용법으로도 쓰인다. 누구의 것입니까?라고 물을 때에는 '누구'라는 뜻의「だれ」라는 의문사를 써서 だれのですか로 묻습니다.

それは　だれのですか。
소 레 와　다 레 노 데 스 까
그것은 누구의 것입니까?

これは　かれのです。
고 레 와　카 레 노 데 스
이것은 그의 것입니다.

2 ~は ~じゃ(では) ありません　~은 ~이/가 아닙니다

あれ + は + でんしゃ + じゃ + ありません。
아 레　와　덴 샤　쟈　아 리 마 셍
저것　은　전철　이　아닙니다.

'~じゃ(では) ありません'은 です의 부정형으로 '~이 아닙니다' 라는 뜻이고, ~じゃ는
~では의 줄임말로 회화체에서 자주 쓰이는 표현입니다.

それは ジュースじゃ ありません。　　그것은 쥬스가 아닙니다.
소 레 와 쥬 ― 스 쟈 아 리 마 셍

あの ジュースは わたしのじゃ ありません。
아 노 쥬 ― 스 와 와따 시 노 쟈 아 리 마 셍

저 쥬스는 제것이 아닙니다.

한 말씀　두 번째 문장에서 쓰인 ~の는 두 가지 쓰임새가 있으므로 구별해야 합니다.
단어　電車(でんしゃ) 전철 / ジュース 쥬스

この~, その~, あの~, どの~

명사를 수식할 때 쓰이는 この~, その~, あの~, どの~

この ひと　이 사람
고 노 히 또

その ひと　그 사람
소 노 히 또

あの ひと　저 사람
아 노 히 또

どの ひと　어느 사람
도 노 히 또

고·소·아·도

지시대명사 こ·そ·あ·ど의 법칙

지시를 나타내는 '이·그·저·어느'에 해당하는 표현이 일본어에도 있습니다.
우리말에서 상대방이 '이건 뭔가요?'라고 물으면 '그건 ~입니다'라고 대답하는
것과 마찬가지로 일본어에도 이런 법칙이란 게 있습니다. 아래와 같은 형식으로
질문과 대답이 이루어집니다. 유용하게 쓰이는 표현이므로 꼭 외워 두도록 합시다.

이것	☞	그것		これ	☞	それ
그것	☞	이것		それ	☞	これ
저것	☞	저것		あれ	☞	あれ

여기	☞	거기		ここ	☞	そこ
거기	☞	여기		そこ	☞	ここ
저기	☞	저기		あそこ	☞	あそこ

이쪽	☞	그쪽		こちら	☞	そちら
그쪽	☞	이쪽		そちら	☞	こちら
저쪽	☞	저쪽		あちら	☞	あちら

구분	こ	そ	あ	ど
사 물	これ(이것)	それ(그것)	あれ(저것)	どれ(어느것)
명사수식	この(이)	その(그)	あの(저)	どの(어느)
장 소	ここ(여기)	そこ(거기)	あそこ(저기)	どこ(어디)
방 향	こちら(이쪽)	そちら(그쪽)	あちら(저쪽)	どちら(어느쪽)

여기서 잠깐 !!

고 · 소 · 아 · 도 !!

드디어 정리해 드릴 때가 왔습니다. 이거야말로 하루빨리 배워놔야 분별력있게 물어볼 수 있습니다. 저쪽을 가리키면서 '이것은 무엇입니까?' 하는 것처럼 모순은 없지 않습니까? 이거 배워 놓으면 기초가 밑바탕에 좌악하고 깔립니다. 아예 노래 부르듯이 배우면 좋습니다. 저는 그런 식으로 많이 읊조렸는데, 가만히 보면 법칙이 있습니다.

고레	소레	아레	도레
고노	소노	아노	도노
고꼬	소꼬	아소꼬	도꼬
고찌라(=고찌)	소찌라(=소찌)	아찌라(=아찌)	도찌라(=도찌)

조금 삐딱한 놈이 보이시지요? 아소꼬(あそこ)입니다.

아소꼬만 법칙에서 약간 벗어났습니다.

장소를 가리킬 때만 …저기라고 이야기할 때만 틀리군요.

これ(이것) : 말하는 사람 가까이에 있는 것

それ(그것) : 말하는 사람과 다소 떨어져 있는 것

あれ(저것) : 말하는 사람이나 듣는 사람 모두로부터 멀리 떨어져 있는 것

どれ(어느 것) : 분명하지 않은 것

これ	それ	あれ	どれ

:: 빈칸에 알맞은 답을 아래의 a~d 중에서 골라 써 보세요.

1

고 레 와 난 데 스 까
これは なんですか。　　　　　　　이것은 무엇인가요?

 와 쿠 루 마 데 스
は くるまです。　　　　　그것은 차예요.

2

소 꼬 와 도 꼬 데 스 까
そこは どこですか。　　　　　　거긴 어디인가요?

 와 토 이 레 데 스
は トイレです。　　　　　여기는 화장실이예요.

3

고 노 고 - 히 - 와 아 나 따 노 데 스 까
この コ-ヒ-は あなたのですか。　　이 커피는 당신 건가요?

이 - 에 　　　　고 - 히 - 와 와 따 시 노 쟈
いいえ、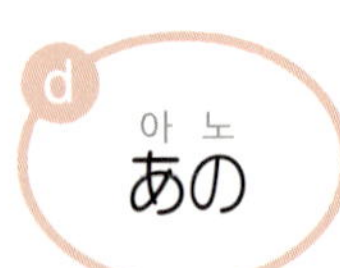 コ-ヒ-は わたしのじゃ　　아뇨, 그 커피는 제 게 아니예요.
아 리 마 셍
ありません。

4

아 노 카 사 와 카 레 노 데 스 까
あの かさは かれのですか。　　　저 우산은 그의 것인가요?

이 - 에 　　　　　카 사 와 카 레 노 쟈
いいえ、　　　 かさは かれのじゃ　　아뇨, 저 우산은 그의 것이 아니예요.
아 리 마 셍
ありません。

a	b	c	d
소 레 それ	고 꼬 ここ	소 노 その	아 노 あの

Kotoba	・くるま（車）　차
	・かさ（傘）　우산

:: 빈칸에 알맞은 답을 a~e 중에서 골라 써 보세요.

1 저것은 무엇인가요?

あれは　　　　です か。

a なん

2 화장실은 어디인가요?

トイレは　　　　です か。

b どこ

3 그 커피는 그녀의 것인가요?

その コ-ヒ-は　　　　です か。

c かのじょの

4 그건 당신의 가방인가요?.

それは　　　　かばんですか。

d あなたの

5 역은 저곳입니다.

えきは　　　　です。

e あそこ

Kotoba
· かばん　가방
· えき(駅)　역

04

✳ 이 안에 뭐가 있어요?

선물상자를 건네주고 있군요. 안에 뭐가 들었을까요?.

고 노　나 까니　나니가　아 리 마 스 까
この なかに なにが ありますか。

이 안에 뭐가 있나요?

●●● 「なにが ありますか。」는 '무엇이 있나요?' 라는 뜻으로 사물을 물을 때 쓰는 표현입니다.

Kotoba	• ～に　～에(조사로서 위치나 장소를 나타냄)

아 나 따 노　케 이 따 이 가　아 리 마 스
あなたの けいたいが あります。

당신 휴대폰이 있지요.

오 단 죠 ― 비　오 메 데 또 ―
おたんじょうび おめでとう。

생일, 축하해요.

●●● 「おめでとう」는 「おめでとう ございます」의 준말로 친구나 아랫사람에게 쓰입니다.

Kotoba	• 携帯(けいたい)　휴대전화
	• お誕生日(たんじょうび)　생일
	• おめでとう　축하합니다

아 라　도 ― 모　아 리 가 또 ―
あら、どうも ありがとう。

어머나, 고마워요.

●●● 「あら」는 놀라움을 나타내는 감탄사로 주로 여성들에게 쓰이죠.

" 고노 나까니 나니가 아리마스까 언젠가 말씀드리려고 했는데, 일본어는 띄어쓰기가 없어서 처음 배울 때는 모르는데다 더 헷갈렸던 기억이 납니다. 그야말로 '아버지가방에들어가시다' 가 되어 '방에 들어가냐, 가방에 들어가냐' 엄청난 실수를 하게 되지 않습니까? 습관이 되는 수밖에 없습니다. 그저 남의 말 배우려면 그 나라 문화를 빨리 이해하는 수 밖에는 없습니다. 이해하는 것이 지름길입니다.

なにが ありますか
뭐가 있나요?
04

아나따노 케이따이가 아리마스 일본에서 케이따이는 휴대전화를 뜻하는데, 정확하게 말하면 한자로는 **携帯電話**라고 쓰고 케이따이뎅와 **(けいたいでんわ)**라고 해야 정확합니다만, 흔히들 케이따이라고 이야기합니다. 일본이나 한국이나 공통점이라면 휴대전화에 많이들 집착한다는 점이죠.

오단죠-비 오메데또- 일본에서는 태어난 날을 '생일' 이라 하지 않고 '탄생일' 이라고 합니다. '생일 축하해요' 라고 할 때는 **誕生日**(단죠-비)에 높임을 나타내는 '오' 를 붙이고 오메데또-(축하합니다) 를 덧붙입니다. 어른들에게 더 정중하게 표현하려면 고자이마스를 붙이면 됩니다. 오단죠-비 오메데또- 고자이마스.

아라, 도-모 아리가또- 아라**(あら)**라는 표현은 여자분들이 많이 씁니다. 휴대전화를 생일선물로 주니 얼마나 감격하겠습니까? 그렇다고 남자가 아라**(あら)**라고 쓰면 우리나라에서 남자가 놀랐을 때 '어머나' 하는 것과 같으니, 다들 놀라겠지요? 동성을 좋아하는 피가 끓거든 하시던가...
♫ 어머나, 어머나~ 그러지 마세요 ♪

04

이 안에 뭐가 있어요?

Listening

모시모시 이 상 이마 도꼬니 이 마스 까
もしもし、李さん、いま どこに いますか。

여보세요, 이홍렬씨. 지금 어디 계세요?

●●● '(사람이)있습니까?'를 표현할 때는「あります
か」가 아닌「いますか」가 된다는 점에 주의.

Kotoba	・もしもし　여보세요　　・今(いま)　지금 ・いますか　있습니까?

마 꾸 도 나르도노 마에니 이 마 스
マクドナルドの まえに います。

맥도날드 앞에 있어요.

●●●「(사람이)~의 ~에 있습니다」라는 표현입니다.

Kotoba	・マクドナルド　맥도날드　　・前(まえ)　앞

아 와 까리마시따
あ、わかりました。　　아, 알겠어요.

소꼬데 맛 떼 구 다 사 이
そこで まって ください。

거기서 기다려 주세요.

●●● '알겠습니다'의「わかりました」와 '기다려 주
세요'의「まって ください」는 알아두면 편리한
표현입니다.

Kotoba	・~で　~에서(조사)

〝 모시모시, 이상, 이마 도꼬니 이마스까

모시모시라고 하면 이건 무조건 전화상의 대화라고 생각하면 됩니다. 식당 등에서도 종업원을 부를 때 모시모시(여보세요)라고 하지 않으니까요. 그런 경우에는 그저 스미마셍~~이라고 부릅니다. 직역하면 '미안합니다' 이지만 이 때는 '저기~ 있잖아요, 여보세요' 가 되지요.

なにが ありますか

뭐가 있나요?

04

마꾸도나르도노 마에니 이마스 맥도날드 앞에

있습니다이죠. 일본에 유학간 학생들은 같은 한국인들끼리도 서로 대화하면서 일어를 많이 섞어 쓰곤 합니다. 그러나 한국에 나오면 약간 거부감 느끼는 사람들이 있으므로 극히 조심하게 됩니다. 한 학생이 한국에 잠깐 나왔을 때 조심하느라고 했는데 실수를 해 버린 것이 맥도날드를 발견하자, 그만 이렇게 소리쳤답니다. "야, 마꾸도나르도 다아~~"

아, 와까리마시따 이 표현은 일본어를 입문하지 않은 사람도

많이 알고 있는 말이니, 설명하지 마세욧! 하이, 와까리마시따!!

소꼬데 맛떼 구다사이 맛떼 이거 초보자는 헷갈리는 겁니다.

맛떼가 '기다려' 라니… 사전을 찾아도 일단 맛떼의 동사원형을 찾아 마쯔(ま つ)를 갖고 사진을 뒤적거려야 하지요. 그러나 맛배기라는 것이 있으니, 그저 조금 이상한 놈 하나 나왔다 생각하시면 곧 의문이 풀리게 됩니다. 그러니 기 다려 주세요. 맛떼 구다사이(기다려 주세요).

이 안에 뭐가 있어요?

메 뉴 - 노　나 까 니　카 레 - 모　아 리 마 스 까
メニュ-の なかに カレ-も ありますか。
메뉴 중에 카레도 있나요?

하 이　　아 리 마 스
はい、 あります。　네, 있어요.

●●● 「(장소)の+(위치명사)に+(사물)も ありますか」는 '(장소)의 (위치)에 (사물)도 있습니까?' 라는 뜻.

Kotoba	
• メニュー　메뉴	• 中(なか)　중, 안;속
• カレー　카레	

아　아 소 꼬 니　에 리 까　상　가　이 마 스 네
あ、あそこに エリカさんが いますね。
아, 저쪽에 에리카 씨가 있네요.

도 꼬 데 스 까
どこですか。　어디 말인가요?

●●● 「(장소)に+(사람)が います」는 '(장소)에 (사람)이 있습니다' 라는 뜻. 이처럼 사물인 경우 「あります」를 쓰고 사람인 경우에는 「います」를 씁니다.

아 노　지 도 - 한 바 이 끼 노　토 나 리 데 스
あの じどうはんばいきの となりです。
저 자동판매기 옆이요.

●●● 「となり」는 '옆' 이라는 뜻. 이 외에 「まえ(앞), うしろ(뒤), うえ(위), した(아래)」도 알아둡시다.

Kotoba	
• 自動販買機(じどうはんばいき)　자동판매기	

메뉴노 나까니 카레-모 아리마스까

아, 이거 또 뭡니까? 메뉴라는 단어. 가타카나를 읽는 것도 힘든데 쪼끄만 ユ는 또 뭡니까? 이거. 걱정 마십시오. 그저 맛배기로 잠깐 소개해 드린 것이니깐요. 메(メ)자 다음, 니(ニ)와 쪼그만 유(ユ)를 합하니 니유~ 그래서 '메뉴우~~'가 되는 것입니다. 참 일본사람 카레 정말 잘 먹습니다. 인도사람들도 놀라서 자빠질 걸요. 일본 방송 보다보면 카레 CF가 무지 많이 나옵니다. 카레가 치매에도 좋다던데... 오늘 저녁 카레나 먹을까?

なにが ありますか
뭐가 있나요?

04

하이, 아리마스 네, 있습니다. 설명하지 않아도 아시죠? 카레는 무생물이니까 아리마스가 맞죠.

아소꼬니 에리까상가 이마스네

エリカ(에리까). 이처럼 가타카나는 이름(특히 외국인 이름)이나 외래어, 강조하고 싶은 단어 등에 씁니다.

도꼬데스까 どこですか。 어디입니까?

아노 지도-한바이끼노 토나리데스 아마 일본처럼

자동판매기가 많은 나라도 없을 듯싶네요. 제가 일본 가자마자 통신원생활을 한 적이 있었는데, 장수하늘소 자동판매기가 등장한 것을 보고 혀를 내둘렀으니까요...

일본에서 아르바이트로 일 년 정도 운전을 했는데 이때 느낀 점이 여러 가지다. 일본 사람들의 삶을 보면서 '사람사는 것이 다 비슷하지 뭐, 일본이라고 별난 게 있나'하고 생각했는데 나는 운전을 해보면서 아차하는 생각이 들었다. 다른 것은 몰라도 운전습관하나는 정말 배워야겠구나하는 생각이 들었다.

내가 거의 일 년 동안 클랙슨을 딱 세 번 눌렀다고 하면 우리나라 운전자들이 믿어 줄까? 한 번은 개가 비껴주질 않아서, 두 번째는 실수로, 세 번째는 방심하고 있다가 어떤 사람이 갑자기 튀어나오는 바람에 황급히 눌렀다.

이런 일도 있다. 한번은 빨간 불에 걸려 멈춰 서있다가 문득 손톱을 보니 손톱이 길었다. 잠시 막간을 이용해서 손톱을 다듬어야겠다고 생각하고 얼른 손톱을 잘라내고 있었다. 그러다가 잠시 생각이 다른 데로 흐르기 시작했나보다.

'내가 출근카드 찍는 생활을 하게될 줄 어떻게 알았겠는가? 방송국에서 사원들이 출근카드 찍는 것을 보면서 참 귀찮겠구나했는데… 그건 그렇고 내가 왜 일본에 와 있는 거야?'

이런저런 생각이 머릿속에서 머물다 가고 있는데 문득 신호등이 눈에 들어왔다. 신호는 이미 파란불. 옆에 있던 차들은 저만치 사라지고 있고…

백미러로 뒤차를 보니 내가 모는 차만 멍청히 바라보고 있다. 무슨 일이 있으니까 출발을 못하고 있겠지 하며 기다리고 있는 것이다.

난 속으로 '에이, 클랙슨 좀 눌러주지이~~'하고 나의 미안함을 그에게 뒤집어 씌웠다.

서울에서 나는 앞에 서있는 차가 빨간불과 노란불이 동시에 들어왔는데도 출발할 낌새가 없으면 어김없이 클랙슨을 눌렀다. 더구나 파란불이 들어옴과 동시에 출발을 하지 않는다면 그건 욕과 함께 클랙슨을 눌러야하는 절호의 찬스였다.

도쿄에서도 운전하면서 욕을 한 적이 있다. 내가 먼저 양보했는데 굳이 나보고 먼저 가라고 우기기에 우리나라 말로 욕을 했다.

"짜아식, 내가 먼저 가라고 양보했으면 먼저 가야할 것 아냐!"

물론 모든 사람들이 교통법규를 잘 지키는 것은 아니다. 젊은 사람 중에는 난폭운전을 하는 사람도 있고, 일본의 골칫거리인 폭주족이 사람들을 깜짝깜짝 놀라게 하는 경우도 있기는 하지만 그 수가

적어서 일본 사람들의 차분한 운전습관에 묻혀버리고 만다.

무엇 때문인가? 일본인의 성격 때문인가? 아니면 먹고살만함 뒤에따르는 여유인가? (… 이하 중략 …)

일본은 좌우가 바뀌어 있다. 운전대도, 길도, 운전석은 차의 좌측에 있는 것이 아니라 우측에 붙어 있다. 그래서 처음에는 상당히 애를 먹었다. 어떤일본인은 이런제도가 영국과 같은데 이 두 나라 모두 신사의 나라여서 그렇다고 하지만 난 이 제도가 좀처럼 쉽게 익숙해지질 않았다. 그렇다면 난 신사가 아닌가?

아르바이트를 시작하고 얼마 되지 않아서의 일이다. 일을 끝내고 우리나라에서처럼 왼쪽 문을 열고 차에 올라앉았다. 시동을 켜려고 보니 아차 운전대가 없어진 것이다.

'앗, 운전대가 없어졌다. 어떤 놈이야, 운전대를 훔쳐간 놈이… 아차! 그렇지 여긴 좌우가 바뀌었지.'

거래처에서 일을 끝내고, 차 안에서 한참 머뭇거리고 있는 내가 이상했는지 거래처 사람이 밖으로 나와 무슨 일이 생겼나 하고 나를 바라본다. 별수 있나 뭔가를 찾으러 들어온 것처럼 이것저것 뒤지다 차에서 내려 그에게 한번 씨익 웃어줄 수밖에.

갈수록 이렇게 변화된 환경은 조금씩 익숙해지긴 했지만, 오랫동안 우측통행에 길들여진 내 몸이 느끼는 불편함은 여전했다.

이런 불편함 속에서도 내가 아무런 사고 없이 운전을 하는아르바이트를 할수 있었던 것은 역시 일본인들의 질서 때문이었다. 잘 흘러가는 물결에 내 몸을 띄우기만 하면 잘 떠가는 것처럼.

그렇다면 일본은 교통사고 하나 없는 평화스럽기만 한 곳인가? 그렇지는 않다. 차가 국민 두 사람당 한대. 얼른 어림잡아 계산해도 6,000만 대. 이렇게 철철 넘치는 차에 사고가 없다면 그곳은 인간이 사는 곳이 아닐 것이다.

일본도 교통 문제로 골치를 앓고 있는 듯하다. 특히 교통사고 사상자의 수가점점 늘고 있어서 교통전쟁을 치르고 있다는 소리가 높다. 교통사고의 사망자 수가 일년간 1만 1천여 명이넘는다고 했다.

특히 눈길을 끄는 것은 사망자 숫자 중 16세에서 24세 사이의 젊은이의 숫자가 늘고 있다는 것이다. 사실 그 나이엔 별 겁나는 것도 없고 걱정도 없다. 그들은 마치 세계에서 알아주는 일제차의 성능을 현장에서 실험해보는 듯하다. 폭주족이라고 이름 붙여진 이들은 차나 오토바이를 타고 경찰차와 추격전을 벌인다.

아무리 경찰력이 막강해도 목숨 걸고 달리는 이들을 어떻게 잡겠는가? 같이 몰려다니다 경찰이 따라붙으면 사방으로 흩어지니 경찰로서도 속수무책이 아니겠는가? 더구나 이들은 멋있어 보인다는 이유로 차 앞뒤의 번호판을 떼어버리고 다니니 속도위반으로 촬영을 해놓아도, 사고를 내고 뺑소니를 쳐도 누구의 소행인지를 밝힐 수가 없어 위험하기 그지없다.

이 철없이 위험한 폭주족들이 몰고 다니는 차는 그 자체가 살인무기이다. 철없는 이 사람들은 자신을 방해하는 그 무엇도 용서하지 않는다. 그래서 이 차 앞에서 행동이 굼뜬다거나 걷는 속도가 늦다면 그 사람은 여김없이 교통사고의 희생자가 되고 만다. 보행자 사망 중 70세 이상의 고령자가 6할을 차지한다는 통계가 이를 증명해 주는 것 같다. 물론 폭주족은 일본의 일부 신세대의 이야기다.

— 「사요나라 개그나라」 발췌

1. ~に ~が あります
~에 ~이/가 ~있습니다

みせ + に + りんご + が + あります。
미세   니   링고   가   아리마스
가게   에   사과   가   있습니다.

みせ(가게), に(에), りんご(사과), が(가), あります(있습니다)로 이루어진 문장입니다. 존재를 나타내는 표현에서 사물·식물같이 동작성이 없는 경우에는 あります를 쓰고 장소는 조사 ~に(~에)로 나타냅니다. ~が는 우리말의 '~이/가'에 해당하는 주격조사.

つくえの うえに みかんが あります。
츠꾸에노 우에니   미깡가 아리마스

책상 위에 귤이 있습니다.

れいぞうこの なかに ジュースが あります。
레-조-꼬노   나까니 쥬-스가   아리마스

냉장고 안에 쥬스가 있습니다.

단어 店(みせ) 가게 / つくえ 책상 / みかん 귤 / 冷蔵庫(れいぞうこ) 냉장고 / ジュース 쥬스

위치명사 1 기본적으로 알아두어야 할 위치명사

うえ(上) 위

まえ(前) 앞

みぎ(右) 오른쪽

した(下) 아래

うしろ(後) 뒤

ひだり(左) 왼쪽

② ~に ~が います

~에 ~이/가 ~있습니다

あそこ + に + エリカさん + が + います。
아소꼬 니 에리까 상 가 이마스
저기　　에　　에리카씨　　가　　있습니다.

あそこ(저기), に(에), エリカさん(에리까씨), が(이/가), います(있습니다)로 이루어진 문장으로 사람이나 동물같이 동작성이 있는 경우에는 います로 나타냅니다.

いえに ねこが います。
이 에 니　네 꼬 가 이마스
집에 고양이가 있습니다.

きょうしつに せんせいが います。
쿄 ― 시 츠 니　센 세 ― 가 이마스
교실에 선생님이 있습니다.

단어 家(いえ) 집 / 描(ねこ) 고양이 / 教室(きょうしつ) 교실 / 先生(せんせい) 선생님

위치명사 2 　알아두면 편리한 위치명사

なか(中) 속, 안

そば(側) 옆, 곁

あいだ(間) 사이, 중간

そと(外) 바깥

よこ(横) 옆

となり(隣) 근처, 이웃

존재 표현

① '있습니다' 라는 존재 표현에서 무생물·식물의 존재를 나타낼 때는 あります를 써서
나타냅니다.

  ある　　　　: 있다
  あります　　: 있습니다
  ありますか　: 있습니까?

② '있습니다' 라는 존재 표현에서 사람·동물의 존재를 나타낼 때는 います를 써서
나타냅니다.

  いる　　　　: 있다
  います　　　: 있습니다
  いますか　　: 있습니까?

조사도 알아 둡시다!

여기서 이제까지 쓰인 조사를 한 번 짚고 넘어가도록 합시다. 조사를 알고 나면
우리말과 연계되어 쉽게 문장을 나열할 수 있게 됩니다.

  は : ～은, 는　　　それは : 그것은
  が : ～이, 가　　　それが : 그것이
  も : ～도　　　　　それも : 그것도
  の : ～의　　　　　それの : 그것의
  に : ～에　　　　　そこに : 그곳에
  で : ～에서　　　　そこで : 그곳에서

여기서 잠깐!!

아루(ある)와 **이루**(いる)

아직도 조금씩 헷갈리므로 해서 저도 약간 생각하면서 이야기하는 것이 이 아루와 이루인데요, 아루를 써야 옳으냐 이루를 써야 옳으냐는 멈칫하면서 쓰게 됩니다. 그저 동물·사람만 이루라고 일단 생각하면 편할 겁니다. 그런 것들이 많습니다. 여자와 남자의 말투, 존대어와 반말, 야쿠쟈들이 쓰는 말투 등등 말이죠. 하나하나 풀어가는 재미가 있지 않을까 싶습니다.

●●● はなと かがみが あります。　　　꽃과 거울이 있습니다.

●●● くまと びじんも います。　　　곰과 미인도 있습니다.

●●● はなと かがみの あいだに くまと びじんが います。
꽃과 거울 사이에 곰과 미인이 있습니다.

●●● くまの うしろに びじんが います。　　　곰 뒤에 미인이 있습니다.

Kotoba　　・花(はな) 꽃　・鏡(かがみ) 거울　・くま 곰　・美人(びじん) 미인

:: 빈 칸에 알맞은 문장을 오른쪽 보기 상자에서 골라 써 보세요.

① 李さん、いま どこに ＿＿＿＿＿。

いますか
있습니까?

② あそこに エリカさんが ＿＿＿＿＿。

いますね
있네요

③ あなたの けいたいが ＿＿＿＿＿。

あります
있습니다

④ この なかに なにが ＿＿＿＿＿。

ありますか
있습니까?

⑤ みせに ＿＿＿＿＿が あります。

りんご
사과

⑥ いえに ＿＿＿＿＿が います。

ねこ
고양이

:: 빈 칸에 알맞은 위치 명사를 오른쪽 보기 상자에서 골라 써 보세요.

① 李さんは マクドナルドの　　　　　に います。

(이씨는 맥도날드 앞에 있어요.)

② メニュ-の　　　　　に カレ-も ありますか。

(메뉴 안에 카레도 있나요?)

③ じどうはんばいきの　　　　　に エリカさんが います。

(자동판매기 옆에 에리까 씨가 있어요.)

④ あなたの　　　　　に ねこが います。

(당신 뒤에 고양이가 있어요.)

⑤ れいぞうこの　　　　　に みかんが あります。

(냉장고 위에 귤이 있어요.)

05

✷ 이것밖에 없어요.

과일가게에서 사과를 사고 있군요. 손님은 청사과를 몇 개 샀을까요?

りんご ありますか。　　사과 있나요?

はい、ありますよ。　　네, 있어요.

●●● 「ありますよ」의 「〜よ」는 우리말의 '〜요,〜예요' 에 해당하는 말입니다요.

青(あお)い りんご 五(いつ)つ ください。

파란 사과(청사과) 다섯 개 주세요.

●●● 「ください」는 「くれる(주다)」의 높임말로 '주십시오' 라는 뜻입니다.

Kotoba	
• 青い(あおい)	파랗다, 파란
• 五つ(いつつ)	다섯 개

あら、どうしよう。　　어머, 이를 어째.

青(あお)い りんごは 三(みっ)つしか ありません。

파란 사과는 세 개밖에 없네요.

●●● 「どうしよう」는 「どう(어떻게)」와 「しよう(하지?)」 가 합쳐져 '어떡하죠(어쩌죠)?' 라는 뜻으로 쓰입니다. 「〜しか ありません」은 '그것뿐이고 그 외에는 없다' 는 뜻의 부정표현입니다.

Kotoba	
• どうしよう	어떡하죠?, 어쩌죠?
• 〜しか ありません	〜밖에 없습니다(사물)

66 링고 아리마스까

앞서 히라가나 배울 때 '링고'가 사과라고 말씀 드렸는데, 다시 보니 반갑죠?
이렇게 반갑게 느껴지는 단어는 죽어도 잊어버릴 수 없겠죠?

하이, 아리마스요

아니, 그런데 はい、あります는 알겠는데 よ는 또 뭔가? 다행히 よ는 우리말에
서 해석이 비슷해요. '있습니다'가 부드럽게 '있어요'가 된 겁니다.
대화는 부드러운 게 그만이죠. 더욱이 상대가 이성일 경우에는
특히…

**これしか
ありません**

이것밖에 없어요

05

아오이링고 이쯔쯔 구다사이

파란 사과(청사과) 다섯 개 주세요.

아라, 도-시요-

'어머나, 어떡하죠?' 라는 뜻인데, '아따, 워쩌쓰까잉~'과 같은
말입니다.

아오이 링고와 밋쯔시까 아리마셍

회화에 참 요긴하게 쓰이기 때문에 ~しか는 특히 부정할 때 외워두면 편리합
니다. これしかない、わたしのに てをたさないで。(이것밖에 없어. 내 꺼에
손대지마.) 라든가, わたしが たべるのしかない、たべないで。(나 먹을 것밖
에 없어. 먹지 마.) 이것 역시 알아두면 내 껀 챙겨 먹지요.
그렇지않으면 いっしょに たべましょうか。(함께 먹을까요?)를 배워 같이
드시든가…

05

이것밖에 **없어요.**

손님은 과일가게에서 결국 어떤 과일을 샀을까요?.

みかんは これしか ありませんか。

귤은 이것밖에 없나요?

はい、それだけです。 네, 그것뿐이에요.

●●● 「~しか ありませんか」는 '~밖에 없나요?' 라는 뜻으로 「~しか ないですか」라고 해도 됩니다.

| Kotoba | ・~だけ　~만, ~뿐 |

今日^{きょう}の もも おいしいんですけど。

오늘 복숭아 맛있는데요.

●●● 「おいしいんです」의 「ん」은 「の」와 같은 쓰임새로 「おいしいのです」가 되어 단정적으로 말할 때 쓰이곤 하죠. 이 표현은 회화에서 아주 많이 쓰입니다.

Kotoba	・今日(きょう)　오늘　　　・もも　복숭아
	・おいしい　맛있다, 맛있는
	・けど(=けれど(も))　…는데, …지만

それじゃ ももを 七^{なな}つ ください。

그럼 복숭아 일곱 개 주세요.

●●● 「それじゃ」는 「それでは」의 구어체 표현으로 '그럼, 그러면, 그렇다면' 이라는 뜻입니다.

| Kotoba | ・七つ(ななつ)　일곱 개 |

**미깡와 고레시까 아리마셍까
하이, 소레다께데스** しか와 だけ는 세트로 외워두면 참 편리

합니다만, 사실 잘 안 외워지면 これしかありませんか(이것밖에 없나요?)라고 물어보면 그냥 はい(네)라고 해도 뭐라 할 사람 없습니다. 그러나 뭐 먹을 때 옆에서 자꾸 달라고 하면 짜증나는 사람은 강하게 '이것뿐입니다!' 라고 접근을 못하게 할 때는 아주 그만이죠. 고레다께데스!!

これしか
ありません
이것밖에 없어요
05

쿄―노 모모 오이시인데스께도 오늘 나온 복숭아 참 맛있습니다만…(어떠세요?) 일본인은 상대방이 상처 입지 않도록 조심스럽게 말하는 경우가 많은데, 그래서 ~けど 를 참 많이 사용합니다.

소레쟈 모모오 나나쯔 구다사이

それじゃ(= それでは)는 '그러면' 이라는 뜻으로 쬐그만 야(ゃ)와 같이 붙어서 이렇게 나오게 되었는데, 어쨌든 이 단어는 제때 쓰면 아주 세련되어 보입니다.

우리가 뭔가 생각이 잘 안날 때 그러지요. '음…, 저기 있잖아…, 그러면 음…' 등등. 일본도 비슷합니다. 말하면서 뭔가 생각할 때 아노… 라든가, 아님 아노네… 또는 지금처럼 소레쟈…

저는 개인적으로 あのね 를 많이 씁니다.

이것밖에 없어요.

いのうえさん、そこに 李さん いますか。

이노우에씨, 거기에 이씨 있어요?

●●● 다소 자신과 떨어져 있는 사람에게 '거기에 ~가 있나요?' 라고 묻는 표현입니다.

いいえ、ここには 誰も いません。

아뇨, 여긴 아무도 없어요.

●●● 사람이 '없습니다' 라는 표현은 「いません 또는 いないです」라고 하죠. 「~も」는 부정문과 같이 쓰여 '전혀 ~(없다)' 라는 강한 부정을 나타냅니다. 여기에서는 「だれ(누구)」와 같이 쓰여 '아무도 없다' 라는 뜻으로 쓰였습니다.

Kotoba	•~には ~에는

食堂に いるんじゃ ないですか。

식당에 있는 게 아닐까요?

●●● 「いるんじゃ ないですか」는 「いるのでは ないですか」와 같은 말로 '있는 것이 아닐까요?' 라는 뜻으로 단정적으로 표현한 경우입니다.

Kotoba	•食堂(しょくどう) 식당
	•~じゃ ないですか ~이 아닙니까?

66 이노우에상, 소꼬니 이상 이마스까

'거기 누구누구 있나요?' 라고 물을 때 딱 알맞는 표현이죠.

이-에, 고꼬니와 다레모 이마셍

이런 대화는 거의 전화로 하는 대화일 가능성이 큽니다. 일본에서 아르바이트로 인쇄회사에 다닐 때, 누굴 찾는 전화가 많이 있었습니다. 그러면 바로 자동으로 あ,ちょっと 出かけております が、(아, 잠깐 나갔습니다만…)라는 말이 입에 붙었던 생각이 납니다. 언어는 확실히 세트가 필요한가 봐요. 그러면서 재미를 붙이고 응용도 하고 말이죠.

これしか
ありません
이것밖에 없어요
05

쇼꾸도-니 이룬쟈 나이데스까

식당은 한문으로 당연히 食堂이라고 씁니다. 일본어를 배우면 배울수록 한문을 평소에 많이 알았던 사람들이 당연히 득을 좀 봅니다.

히라가나로 표현하기 쉽지 않을 경우라든가 표현이 너무 길어질 경우에는 당연히 한문으로 씁니다. 한문은 일본사람들도 잘 못쓰는 경우가 많은데, 일본에서 쓰이는 훈독, 음독을 배우게 되면 '우리나라는 한문을 배울 때 정말 간단하게 배우는구나' 라는 생각에 또 한 번 놀라게 됩니다. 웬 한문 하나 갖고 읽는 법을 그렇게 많이 만들어 놨는지…. 지금 당장에 날 생(生)을 찾아보세요. 몇 가지로 읽는지…

이 페이지는 제가 청소년이 된 아들을 키우면서 생긴 에피소드를 일본어로 옮겨 보았습니다. 당연히 초보자는 이해하기 힘드시겠지요. 그러나 될 수 있는 한 한문을 많이 섞어놓았으니 훑어보시면서 짐작만 한번 해보세요.

그리고 곧 전부 읽을 수 있는 날이 옵니다. 아, 이홀련도 하는데, 뭘 걱정이십니까?

재혁이의
문화 극복

2003年5月1日、その日は 仕事を 終えて 帰宅する 所だった。私は 家内と 電話をして 葛藤して しまった。

『むちを 与えるべきか。』

長男の 宰赫は 今 中学校 3年生で 4年4ヶ月の アメリカ生活を 終えて 帰国して 約 1年。家内の話では ついさっき、体育の先生から 電話が あったそうだ。宰赫が 家庭科の先生に「ミス家庭! ミス家庭!」と 呼ぶので 叱ったところ、宰赫が「わかった。」と ぶっきらぼうに 言って 帰ったらしい。体育の先生は そのすべてを 横で 見ていて 電話で「お子さんは 今の学校に 入ってから 1年 近くなって いるのに 適応できないので アメリカに 帰るんだったら 今のうちに 帰えらせた 方が いい。」と 言ったそうだ。

『長男は 帰国して もう 1年にも なるのに 適応するのに どうして こんなに 時間が かかるんだろう。』

宰赫の 学校からの電話は 今回が 初めてじゃない。もう 5回目なのだ。私は むちを 与えるのだったら 遅くならないうちに すべきだと 私自身に 言い聞かせた。

『家に むちにするような ものが あったかな。あ、私の 部屋に 肩が 凝った 時に 使う 小さな 棒が あったな。』

私が 家に 帰ったら すでに 家内が 宰赫を 叱っているところだった。私も 部屋に 入ってから 棒を 握って 宰赫を 呼び出した。

「宰赫、こっちの 部屋に 来なさい!!」

宰赫は 自分の部屋から 顔を 出して あきらめたように こっちに 歩いて 来た。そのとき、家内が いきなり 涙ながらに 言った。

「私の 言う ことを 先に 聞いて。宰赫が 悪いんじゃ ないわ。」

「何んだ。さっきは 宰赫が 悪いと 言ったじゃ ないか。」

「宰赫の話を 聞いてみたら 宰赫が 悪かったんじゃ なかったのよ。」

「…宰赫、おまえ、こっち 来て みなさい。」

宰赫の話を 聞いてみると 宰赫が「ミス家庭」と 呼んだのは いたずら心では なく アメリカでの 文化的 習慣で そう 呼んだのだった。アメリカでは 先生に Teacher と 呼ばない。女の先生に 対して 一番 尊敬した 呼び方は ミスなのだ。だから 宰赫は 自然に ミスを 使って 女の先生を 呼んだのだった。考えてみると 日本でも 先生に 対して そのまま 先生という 呼び方を する。会社の社長にも 社長、会長にも 会長、課長にも 課長と 呼ぶのだ。韓国語だと そのまま 先生! 社長! 会長! 課長! と 呼ぶことに なる。日本では 先生に 対して めったに「様」をつけない。もちろん 社長にも「様」とか「さん」を つけないのだ。

4年4ヶ月の アメリカ生活で こんなに 文化差を 感じるように なるなんて 思いも しなかった。私が あまく みたのか、子供達は 韓国に 来て もう 1年が すぎようと するのに いっこうに 適応する 様子は ない。先生らは ぜったい 子供の立場で 考えようと しないだろう。いや、できないだろう。多くの学生の 中で ただの一人に すぎない 宰赫のことだけを 考えるわけには いかないだろう。

「宰赫、学校では みんな おまえが 李洪烈の 息子だと 知っているから 適応しにくいかも しれないな。 先生には 父さんのことを 思って 他の子よりも あいそ よく して ほしいんだ。そして おまえの ことは 誰よりも 父さんが 一番 よく 知っているし、一番 理解できる おまえの 味方だから 誰が 何を 言おうと いいじゃないか。そのような ことも おまえが 耐えながら 適応していくと 最後には おまえが 勝つのだよ。」

今日、私は ひょっとしたら 話しも ちゃんと 聞かずに 5年間も 使わなかった むちを 手にするところだった。

1 ~しか ~ません   ~밖에 없습니다

りんごは + ひとつ + しか + あります。
사과는　　　　　하나　　밖에　　없습니다.

~しか~ません은 '그것뿐이고, 그 외에는 없다'는 뜻을 나타내어 반드시 뒤에 부정 표현이 따릅니다. 사람일 경우에는 ~しか いません[いないです], 물건 등일 경우에는 ~しか ありません[ないです]으로 표현합니다.

みかんは　少(すこ)ししか　ありません。　　굴은 조금밖에 없습니다.
(＝みかんは 少ししか ないです。)

学生(がくせい)は　一人(ひとり)しか　いません。　　학생은 한 명밖에 없습니다.
(＝学生は 一人しか いないです。)

단어 学生(がくせい) 학생 / 少し(すこし) 조금 / 一人(ひとり) 한 명

색깔(いろ) 우선 기본적으로 마음에 담아두어야 할 색깔!!

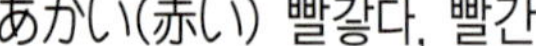
あかい(赤い) 빨갛다, 빨간

きいろい(黄色い) 노랗다, 노란

あおい(青い) 파랗다, 파란

しろい(白い) 하얗다, 하얀

くろい(黒い) 검다, 검은

② (의문사) も ～ません

전혀 없습니다 (강조 부정)

ここには ＋ だれ ＋ も ＋ いません。
여기에는　　　아무　　　도　　　없습니다.

なに(무엇), だれ(누구), どこ(어디) 등의 의문사에 も(～도)를 붙여 부정문을 만들면
'전혀 ～없다' 라는 뜻을 나타내는 강조의 부정문이 됩니다.

ここには　何(なに)も　ありません。　　여기에는 아무것도 없습니다.
(＝ ここには　何も　ないです。)

学生(がくせい)は　どこにも　いません。　　학생은 어디에도 없습니다.
(＝ 学生は　どこにも　いないです。)

단어　何(なに) 무엇 / どこ 어디

과일（くだもの） 우선 기본적으로 뱃속에 담아두어야 할 과일!!

すいか 수박

いちご 딸기

ぶどう 포도

もも 복숭아

バナナ 바나나

존재 표현

존재여부를 나타내는 표현을 다시 한번 되짚어 봅시다.

구 분	사 물	사 람
있습니다	あります	います
없습니다	ありません	いません
아무것도 없습니다	なにも ありません (=なにも ないです)	
아무도 없습니다		だれも いません (=だれも いないです)

••• 冷蔵庫に 何も ありません。
냉장고에 아무것도 없습니다.

食堂に 誰も いません。 •••
식당에 아무도 없습니다.

ありません 가 2과에서 배운 ~では ありません 과의 구별에 주의해야 합니다.

けいたい
携帯が ありません。　휴대폰이 없습니다. ●●●
(= 携帯が ないです。)

けいたい
●●● 携帯じゃ ありません。　휴대폰이 아닙니다.
(= 携帯じゃ ないです。)

10년 전만 해도 휴대 전화가 지금처럼 발전하리라고는 상상도 못했죠.
저도 일본에 있을 때 삐삐차고 있다가 집에서 연락이 오면 얼른 전화를 겁니다.
　"왜..."
　"들어올 때 한국식당에 들러 まめ もやし(콩나물) 좀 사오세요"
　" ... 네"
10년 후에는 휴대전화가 어떻게 변할지 상상해 보셨는지요?
어쩌면 영화 한 편을 다운받아서 흰 벽에다 쏘면서 여럿이 감상할지도 모르죠.
　"야, 니 휴대폰에 저장된 영화나 한 편 보자."
　"와~우~, 저거 뭐야~"
　"야야! 얼릉 꺼, ポルノ잖아!!"

Kotoba　・まめ もやし 콩나물　・ポルノ 포르노

:: 빈 칸에 알맞은 말을 a~g 중에서 골라 써 보세요.

① 빨간 사과가 4개 있어요.

　　　　　　が 四つ あります。

② 노란 바나나가 8개 있어요.

　　　　　　が 八つ あります。

③ 귤은 1개밖에 없습니다.

みかんは　　　　　　ありません 。

④ 학생은 1명밖에 없습니다

学生は　　　　　　いません。

⑤ 집에는 아무도 없습니다.

家には　　　　　　いません。

⑥ 냉장고 안에 아무것도 없어요.

冷蔵庫の 中に　　　　　　ありません。

⑦ 선생님은 어디에도 없어요.

先生は　　　　　　いません。

---

a　赤い りんご

b　黄色い バナナ

c　一つしか

d　一人しか

e　誰も

f　何も

g　どこにも

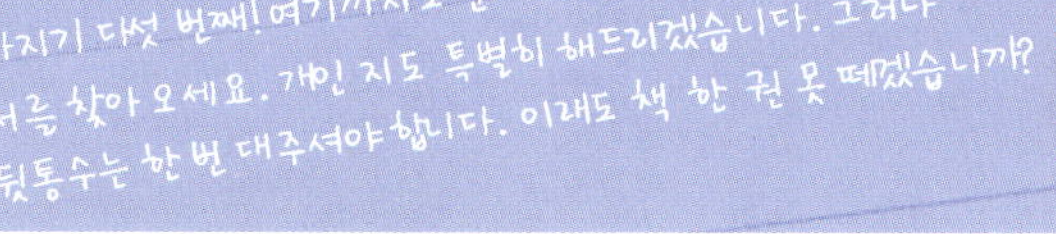

:: 빈 칸에 알맞은 말을 a~g 중에서 골라 써 보세요.

① 사과는 6개밖에 없습니다만.

りんごは 六つしか　　　　　　　　。

② 학생은 1명밖에 없습니다만.

学生は 一人しか　　　　　　　　。

③ 그는 식당에 있는 게 아닐까요?

彼は 食堂に　　　　　　　　ないですか。

④ 사과는 식당에 있는 게 아닐까요?

りんごは 食堂に　　　　　　　　ないですか。

⑤ 복숭아는 1개뿐입니다.

ももは　　　　　　　　です。

⑥ 아이는 1명뿐입니다.

子供は　　　　　　　　です。

⑦ 수박은 조금밖에 없습니다.

すいかは　　　　　　　　ありません。

---

a. ないんですけど

b. いないんですけど

c. いるんじゃ

d. あるんじゃ

e. 一つだけ

f. 一人だけ

g. すこししか

P.94~95의 '재혁이의 문화극복'
일본어 원문 페이지의 내용 이해를
돕기 위해서 번역본을 덧붙이도 록
하겠습니다.
이 교재가 여러분께 조금이나마 도
움이 되었기를 바랍니다.

2003년 5월 1일, 그 날은 일을 끝내
고 귀가하는 길이었다. 나는 집사람
과 통화를 하고 갈등하고 말았다.
　'매를 다시 들어야 할 것인가?'
장남인 재혁이는 이제 3학년으로, 4년 4개월의 유학생활을 마치고 귀국한지 약 1년.
집사람 얘기로는, 방금 전에 체육선생님한테서 전화가 왔다고 한다. 재혁이가 가정
선생님께 "미스 가정! 미스 가정!"이라고 부르길래 야단을 쳤더니, 알았다고 퉁명스
럽게 말하고 간 것 같다. 체육선생님은 그 모든 것을 옆에서 지켜보고 전화로 '아드님
이 이 학교에 다닌지 1년 가까이 되어 가는데도 적응을 못하니 미국으로 돌아갈 거라
면 지금 돌아가게 하는 것이 좋겠다'고 했다고 한다.
　'큰 녀석은 귀국한지 벌써 1년이 되어 가는데 적응하는데 왜 이렇게 시간이 걸리는
　걸까?'
재혁이의 학교에서 전화가 온 게 이번이 처음이 아니다. 무려 5번째인 것이다. 매를
들거라면 더 늦기 전에 해야겠다고 내 자신에게 말했다.
　'집에 회초리로 쓸만한 것이 있었나? 아, 내방에 어깨가 뭉칠 때 쓰는 자그마한 몽
　둥이가 있었지.'
내가 집에 도착하자 이미 집사람이 재혁이를 혼내는 중이었다. 나도 방으로 들어가서
몽둥이를 쥐고 재혁이를 불렀다.
　"재혁이 너 이쪽 방으로 와!!"
재혁이는 자기 방에서 고개를 내밀고는 체념한 듯 이쪽으로 걸어왔다. 그 때 집사람이

갑자기 눈물을 글썽이며 말했다.

"내 말 먼저 들어봐요. 재혁이가 잘못한게 아니에요."

"뭐라고, 아깐 재혁이가 잘못했다고 말했잖아?"

"재혁이 얘기를 들어보니 재혁이가 잘못한게 아니었어요."

"…재혁이 너, 이리 와 봐."

재혁이의 이야기를 들어보니 '미스가정'이라고 한 것은 장난기로 한 것이 아니라 미국에서의 문화적 습관으로 그렇게 부른 것이었다. 미국에서는 선생님에게 '티쳐'라고 부르지 않는다. 여선생님에 대해 가장 존경을 나타내는 호칭이 '미스'인 것이다. 그래서 재혁이는 자연스럽게 미스를 써서 여선생님을 부른 것이었다. 생각해 보니 일본에서도 선생님에게 말 그대로 센세이(선생)라는 호칭을 쓴다. 회사의 사장님에게도 사쪼우(사장)라고 부르고 회장님에게도 가이쪼우(회장), 과장님도 가쪼우(과장)라고 부른다. 우리말로는 그대로 선생! 사장! 회장! 과장! 이라고 부르는 것이 된다. 일본에서는 결코 선생님에게 '님'자를 붙이지 않는다. 물론 사장님에게도 '님'자나 '씨'를 붙이지 않는 것이다.

4년 4개월의 미국 생활로 이처럼 문화차이를 느끼게 되리라곤 생각도 못 해봤다. 내 생각이 짧았던 것인지, 아이들은 한국에 와서 벌써 1년이 지나려 하는데 좀처럼 적응할 기미를 보이지 않는다. 선생님들은 결코 아이들의 입장에서 생각하려고 하지 않을 것이다. 아니, 할 수가 없을 것이다. 많은 학생 가운데 한 아이에 불과한 재혁이만을 생각할 수는 없을 것이다.

"재혁아, 학교에서는 모두 네가 이홍렬의 아들이라고 알고 있어서 적응하기 힘든지도 모르겠구나. 선생님께는 아빠를 생각해서 다른 아이들보다는 조금 더 착실했으면 싶구나. 그리고 너에 대해서는 누구보다도 이 아빠가 가장 잘 알고 가장 잘 이해하는 네 편이니까 누가 뭐라고 해도 상관없잖니. 그런 일도 네가 견뎌내면서 적응해 가면 최후에는 네가 승리하는 거란다."

오늘, 나는 하마터면 이야기도 잘 들어보지 않고 5년 동안이나 쓰지 않았던 회초리를 손에 들 뻔했다.

초짜들의 여유만만 일본어

8쇄 발행	2008년 1월 25일
엮은이	월드컴 편집부
그림	이 일 선
내지디자인	디 도
표지디자인	디자인 스퀘어
펴낸이	강 남 현
펴낸곳	월드컴출판사
등록	2000년 1월 17일
주소	서울시 구로구 구로동 222-8 코오롱디지탈타워 빌란트Ⅱ 1005호
전화	02)3273-4300(대표)
팩스	02)3273-4303
이메일	wc4300@yahoo.co.kr
ISBN	89-8127-755-9 18730